SEO
能帮你赚到钱

尹高洁 等◎编著

清華大学出版社
北 京

内容简介

本书分为6章：SEO基本知识、SEO营销理念、SEO营销实战、SEO+社会化媒体营销、SEO+网络营销方法系列、SEO学员成功案例。从基本的理论知识、实战操作到企业网络运营，再到企业网络战略思维，层层深入，不仅便于读者学习SEO的技能，还能培养读者的网络营销整体思维，能够最大程度帮助读者提高销售业绩。

本书适合所有通过网络做营销的企业老板、个人创业者、销售员，熟读本书并坚持不懈地操作，可以大幅提高销售业绩。

图书在版编目(CIP)数据

SEO能帮你赚到钱 / 尹高洁等编著. — 北京：清华大学出版社，2017
ISBN 978-7-302-47020-5

Ⅰ. ①S… Ⅱ. ①尹… Ⅲ. ①网络营销 Ⅳ. ①F713.365.2

中国版本图书馆 CIP 数据核字(2017)第 102036 号

责任编辑： 张立红
封面设计： 邱晓俐
版式设计： 方加青
责任校对： 萧庆敏
责任印制： 刘海龙

出版发行： 清华大学出版社
网　　址： http://www.tup.com.cn，http://www.wqbook.com
地　　址： 北京清华大学学研大厦 A 座　　**邮　　编：** 100084
社 总 机： 010-62770175　　**邮　　购：** 010-62786544
投稿与读者服务： 010-62776969，c-service@tup.tsinghua.edu.cn
质 量 反 馈： 010-62772015，zhiliang@tup.tsinghua.edu.cn
印 装 者： 北京泽宇印刷有限公司
经　　销： 全国新华书店
开　　本： 170mm×240mm　　**印　　张：** 15.25　　**字　　数：** 178 千字
版　　次： 2017 年 8 月第 1 版　　**印　　次：** 2017 年 8 月第 1 次印刷
定　　价： 49.00 元

产品编号：073709-01

前言

我为什么要写这本书

这是一本关于SEO的书，一本用SEO来赚钱的书。你可能对SEO没什么兴趣，但你对赚钱绝对有兴趣！

而当你认真阅读了这本书之后，你会发现，用SEO来赚钱是目前网络营销里最容易、最简单的方式！

只要你认真学习这本书，并进行一定的操作练习，我相信你将在很短的时间里赚到比你现在的收入多出五到十倍的钱！

在此先说一说我是怎么走上SEO这条路的，以及我为什么要写这本书。相信你看完我的经历之后，一定会对自己充满信心，一定会对赚钱充满信心。

大学毕业后，我因为在内陆地区找工作处处碰壁，所以就来到了传说中黄金遍地的深圳。人生多磨难，从2003年7月到12月，这长达半年的时间里，我居然没有找到一份正式的工作，生活陷入前所未有的窘迫。幸好有一位要好的朋友无私地帮助我，才让我勉强渡过了这个难关。那段穷困潦倒的日子是难以忘怀的，为了省钱，我经常忍饥挨饿，曾经一个月全部花费只用了150元。那时我最大的奢望就是能够饱饱地吃上一顿香味可口的饭菜。

2004年2月，我进入了一家电子商务公司做销售工作，底薪1000元。说来惭愧，那时候我的电脑知识几乎为零，连最基本的上网都不会。而之所以能被这家公司录取，完全是因为在面试的时候，总经理认为我能吃苦。一个电脑菜鸟进入了一家电子商务公司，被逼得必须学习电脑知识。从这时起，我才真正意义上接触了网络。

网络是个容易让人上瘾的东西，从此以后，我生活的每一天都离不开网络了。后来我换了十几家公司，先后卖过很多种产品，实践过各种各样的营销方式，但是似乎没有碰到一种让人振奋的营销方式。

直到2007年，一次非常偶然的机会，我接触了SEO。

我立刻就被SEO吸引住了，于是开始深入学习和钻研。越钻研越觉得SEO实在太好了。那时，我在深圳联合证券有限责任公司做证券经纪人，主要业务是开股票账户。为了发展业务，我做了一个股票网站，并对这个网站进行了SEO优化。没多久，我所设置的几个关键词，比如“深圳股票开户”“深圳A股开户”“深圳B股开户”“深圳权证开户”，在百度、谷歌等搜索引擎上就排到了前几名。这几个关键词从百度、谷歌上给我带来了很多有效的客户。依靠这个股票网站，在2008年上半年股市行情相当不好且绝大部分证券经纪人的收入纷纷锐减的时候，我半年的业绩收入居然超过了2007年整年的收入！

我把自己做SEO的一些经验和心得写成文章，在几个论坛上发表，还被一些网站转载收录。后来，有几家公司辗转找到了我，说看了我所写的关于SEO策略方面的文章，觉得我很专业，正是他们需要的人才，邀请我加入他们公司做SEO专员。当时由于我在证券公司的业绩相当不错，收入也比较可观，并没有答应他们。但是，我给他们的网站制订了SEO优化方案。他们请了网络公司的技术人员严格按照这个优化方案对他们的网站进行了

SEO优化。不久之后，他们的网站的很多关键词排名就上升到了百度前一两页。同时，从百度带来的订单也让他们乐开了花。

2008年8月，我在阿里巴巴（表示特定称谓时可简称为阿里，如阿里博客、阿里论坛等）开通了自己的官方博客。我以这个博客为主要平台，正式开始SEO项目的创业，主要从事SEO培训、SEO实战、网络营销策划等方面的工作。迄今为止，这个博客的访问流量也达到了惊人的800万，成为中国网商SEO行业人气最高的商业博客之一。

几年下来，我服务了上千个客户，许多客户的业绩提升了100%～500%。我的一些网络营销策划甚至让很多企业起死回生，改变了它们的命运。

有人告诉我，他也听说过SEO，认识到了SEO的价值，也想学习，但是他去百度一搜索SEO，傻眼了，一篇一篇全是专业性极强的论文，根本就看不懂，也不知道从哪里学起。

很多人写文章有个癖好，如果他是某一领域的专家，为了炫耀他的专业知识，会把文章写得通篇都是专业术语，晦涩难懂，还洋洋自得，认为别人看不懂才显得他有很高的水平。我一直对这样恶劣的文风予以鄙视。真正的好文章，即使是专业性很强的文章，也应该尽量通俗易懂。所以，我写的是一本大众版的SEO教程，用真正通俗易懂的语言来写，争取让每一个人都能看懂。

在本书里，我提出了“SEO独孤九剑”的概念：阿里SEO+独立网站SEO+博客SEO+论坛SEO+B2BSEO+问答SEO+文库SEO+视频SEO+微博SEO。

传统的SEO仅仅局限于独立网站SEO，就是对独立网站做SEO。但是，根据长期的观察和实践，我发现了一个客观存在的事实：单纯地做独立网站SEO，效果是微乎其微的，不能带来规模化的意向流量。

要想在网络上做好销售，必须进行“海陆空”全方位的策略布局，也就是说，要让意向流量从网络的四面八方涌过来，才会在更短的时间里获得更多的订单。

而我创造的“SEO独孤九剑”，就是从“海陆空”全方位地进行策略布局。这种方法与单纯地使用独立网站SEO相比，效果可以扩大10倍以上。许多客户正是因为使用了这种方法，才使销售业绩获得了惊人的提升，赚到了比以前多出几倍、几十倍乃至几百倍的钱。

这本书的价值不在于简单地介绍SEO的技巧，而在于它告诉大家怎么通过SEO去赚钱，并带给大家创业的激情，给大家指明成功的方向。

请记住一句话：赚钱其实很简单，只是大家暂时不知道方法而已。

而我在这本书里告诉大家的，就是世界上最简单的通过网络营销赚钱的方法。这个方法，已经被许许多多的人验证过了。

本书由尹高洁组织编写，同时参与编写的还有黄维、金宝花、李阳、程斌、胡亚丽、焦帅伟、马新原、能永霞、王雅琼、于健、周洋、谢国瑞、朱珊珊、李亚杰、王小龙、张彦梅、李楠、黄丹华、夏军芳、武浩然、武晓兰、张宇微、毛春艳、张敏敏、吕梦琪、赵桂芹。

那么现在开始吧！你赚钱的梦想，将从阅读这本书的第一个字开始。

尹高洁

2016年1月写于深圳

目录

第1章 SEO基本知识

第2章 SEO营销理念

第3章 SEO营销实战

第4章 SEO+社会化媒体营销

第5章 SEO+网络营销方法系列

第6章 SEO学员成功案例

附录

尾声

第1章

SEO基本知识

我们先从理论方面认识SEO。

本章内容主要包括：

- 服务器对SEO的影响
- 域名对SEO的影响
- 关键词对SEO的影响

| 1.1 | 我所理解的SEO

现在已经全面进入了网络营销的时代，那些现在还不能熟练地掌握网络营销的经营者们势必会在激烈的商业竞争中落败。

网络营销的方法有数十种，但是目前最简单、最主流、成本最低也最有效的营销方法就是SEO。

那么，什么是SEO呢？

SEO是Search Engine Optimization的缩写，中文意思是“搜索引擎优化”。

请大家想想，如果你要寻找某一种产品，你的第一选择是到哪里呢？

毫无疑问，应该是百度、360搜索、搜狗搜索等搜索引擎。（当然也包括淘宝和阿里巴巴，因为淘宝和阿里巴巴都有自己的搜索引擎。）无论什么样的产品，都可以轻松地在这上面找到。

同理，你的潜在客户要寻找你销售的那种产品，也是通过这几大搜索引擎去寻找的。

所以，你的大量的客户其实是来自百度、360搜索、搜狗搜索、淘宝以及阿里巴巴等网站。

他们在搜索引擎里输入产品的关键词来寻找想要的产品。（由于目前百度在国内搜索引擎中居于绝对的统治地位，下文所提到的搜索引擎将主要以百度为例来讲解。）

我们要知道，每个行业都有无数的企业在做，每种产品也有无数的企业在做，竞争不是激烈，而是惨烈；还要知道，客户在百度上搜索想要的产品的时候，按照通常的搜索心理，他们不会有耐心翻到第四页。所以，如果产品关键词排在百度的第三页以后，该产品基本就无人问津了。

如果产品关键词排在百度的第一页呢？那就只有一个结果：流量、询盘和订单都会大大提高。

比如，你的企业是做包包批发业务的，那么，“包包批发”就是你的关键词。“包包批发”包含了客户的购买意向，也就是说，通过百度搜索“包包批发”这个关键词的人，基本上都是想批量采购包包的。如果你的网站上“包包批发”这个关键词排在百度的前三页，甚至是第一页，那肯定会有大量的客户来询盘甚至下订单；反之，如果你的网站上“包包批发”这个关键词排在百度的第三页以后，那基本上就很少有客户能找来了。

现在就去百度搜索一下你的产品关键词，看看在前三页上是否能搜索得到？如果你的网站上的关键词排得很靠后，估计客户一辈子也搜索不到你的产品。

为什么你的网站上产品关键词会在百度上排得很靠后呢？

打个比方：一个人背负了100斤的重物会走得很快吗？而当他卸下这100斤的重物，是不是可以走得飞快？

网站上的产品关键词就像是背负了沉重的负担，寸步难行，所以无法在百度上排名靠前。而SEO相当于把这些负担全部卸去，让网站上的关键词快速排到百度的前几页去。

这就是搜索引擎优化，就是SEO。

接下来，我会告诉大家怎么通过SEO赚钱。相信这是大家最关心的议题。我会列出三种通过SEO赚钱的思路，分别对应个人创业者、普通销售员以及中小企业老板。无论你是哪种人，都可以很轻松地赚到钱。

|1.2| SEO的第一种思路：白手起家，最简单的创业方式

很多人对我说，他也想创业，但是手头没有太多资金，要借也没地方可借。那我现在就来教大家一种最简单的白手起家的方法，看了这种方法，保证你们热血沸腾，感觉一下子有了出路，找到了方向。

按照本书中所说的步骤来做，只要坚持下去，就一定能成功！

首先，在阿里巴巴上逛，逛专栏，逛商圈，逛旺铺，寻找适合的产品。阿里巴巴上有千千万万的企业，逛了几天之后你就会发现，有许多企业的产品质量不错，但就是销量不好，他们正为此犯愁，不知道如何打开销路。在阿里巴巴上谈项目、谈合作真是太简单了。先下载一个千牛App，这个软件是用来聊天的，跟QQ一样，千牛的好处就是可以与阿里巴巴注册会员即时聊天。当你了解到某个企业的产品销量不好，而你觉得这个产品应该很有市场的话，你就可以去与他聊天。你对他说："我不要你的底薪，我来帮你销售这个产品，你只要给我一个好的供货价就行。"这对企业来说，没有任何负担，也没有任何风险，反而多了一个销售的渠道，他们应该会很痛快地答应的。

其次，你要制作一个网站，或者开通阿里旺铺，在网站（或阿里旺铺）上上传产品的文字和图片介绍，以及个人的联系方式

（手机号码、QQ、微信等）。谨记这个网站（或阿里旺铺）必须做SEO。如果不做SEO，客户很难从百度上搜索到你的网站，你的网站就等于是“养在深闺无人识”，你的销售业绩也就提不上去，其结果就是赚不到钱。

或许你会对我说，你不懂网页制作的技术，什么代码编程，什么HTML语言，一窍不通。我想告诉你的是，你其实根本不需要懂得那些复杂的技术，太复杂的东西咱们不学，咱们只学最简单的、马上就可以用来赚钱的方法。你已经注册了阿里旺铺，阿里旺铺已经帮你把所有的技术问题都解决了，接下来你只要掌握SEO的方法、技巧和策略就够了。

很多人去网上查SEO相关的资料，网上几乎所有的所谓“专家”都告诉你，你必须懂得网页制作以及系统编程的技术，甚至还得懂得美术设计，否则你根本不可能学会SEO。于是你被误导了，你以为SEO是一门非常复杂深奥的学问，不懂技术就学不会。你害怕了，畏缩了。

现在我来告诉你：其实真正的SEO根本不是什么技术，而是方法、技巧和策略。

当你把SEO的方法、技巧和策略掌握好了，你就可以每天在电脑上运用SEO，附带再做一些软文推广。接下来的事就很简单了，当你设置的关键词在百度上排到了前面，你就会接到很多意向客户的在线咨询或电话咨询，只要你认真回答他们的咨询，沟通顺利的话，他们就会下单、付款。在这里我要告诉你的是，你的风险绝对是零，因为客户购买产品的时候，首先是把钱打到你的账户上，然后扣除掉你应得的利润后，再把产品成本打给公司并通知公司发货。你看，连物流都不用你操心，公司都给办了。你所要做的就是用SEO去推广产品。怎么样，超简单吧！

要知道，通过SEO来推广产品是目前最有效的网络营销方式。如果你已经给他们做了几个月、半年甚至是一年了，那业绩应该不错。这时，手头应该积累了一定的资金了。现在，你要开始正式卖自己的产品了，也就是说，你要真正为自己创业了，而不是替别人卖东西。

我相信，成立一家真正属于自己的公司，是你一直以来的梦想。

注册公司其实很简单，3000元左右就可以顺利注册一家公司。

公司成立之后，成本支出将会骤然增加。你现在要做的就是加大力度推广你的产品。SEO仍然是你的一大法宝。以前只有你自己一个人用SEO做推广，现在公司成立了，招聘了新的员工，你就可以把自己所学到的SEO方法传授给员工，一个团队来做SEO，效果肯定会倍增。

坚持做三年，成为百万富翁，绝不会是遥远的梦想。现在可以开始想象：身无分文的你、穷困潦倒的你、每天在最基本的生存线上苦苦挣扎的你，当运用SEO，通过自己的奋斗而拥有了100万元的时候，你的感觉是什么样的？你可以尽情发挥你的想象，没有任何人约束你。

这就是SEO带给你的白手起家的创业梦想，一个简单至极的方法。你还能找到比这个更好的方法吗？

看到这里，如果你是一个没有多少资金却很想创业的人，我相信你已经热血沸腾了。那么下面你要做的就是：立即执行！

不论多好的方法都比不上立即执行！

1.3 SEO的第二种思路：普通销售员成为公司的销售明星

你是公司的一名普通的销售员，你因为自身能力的原因，或其他方面的原因，常常找不到客户，销售业绩很差，同事看不起你，经理和老板老是找你谈话。于是你总是急躁不安，但是又想不出更好的办法，工作状态越来越差，对销售工作产生了极大的怀疑，从而不断地跳槽，陷入一种恶性循环。一转眼许多年过去了，你的月薪还是一两千元，无力给辛苦了一辈子的父母寄钱回去，过春节没脸回家，更不用说买房买车了。于是你困惑，你迷惘，你痛苦，你看不到希望，你的生活状态和心理状态越来越糟糕，你的人生陷入前所未有的颓靡和低谷。

以上曾经也是我工作和生活的真实写照。而我有很多的同事和朋友直到今天仍然在日复一日地过着这种机械的、没有希望的生活。

那么我现在告诉你，怎样改变自己，怎样拯救自己。

你一定要改变自己，一定要用坚决的行动给自己一个希望。

现在，你就去学习SEO。当你掌握了SEO，就可以运用SEO来销售公司的产品，提高你的销售业绩，赚到更多的钱。

当你学会了SEO，当你的大量的关键词在百度上排名靠前的时候，你就等着客户的询盘，等着客户来找你下单吧。你再也不用每天机械地打电话向客户推销你的产品了；你再也不用每天顶着烈日或冒着风雨去到处拜访陌生的客户了；你再也不用每天在QQ群里频繁地发广告帖子了。

你只需要做好一件事：好好利用SEO，一切OK！

记住：一定要让客户主动来找你，而不是你主动去找客户。

SEO的功能就是，客户一定会主动来找你。当客户主动来找你的时候，你就牢牢地掌握了营销的主动权，成单的概率将会呈几何级增长！

当你充分利用好了SEO，一定可以经常成为公司的Top Sales（顶级销售员、销售冠军），一定可以经常成为公司的No.1（第一）。然后，晋升、涨薪、得到老板的赏识，获得更广阔的发展空间，这些都是很自然的事情了。

我给大家讲一个真实的故事：霍文霞，北京诚瑞成包装印刷有限公司总经理。在2008年10月，她向我学习SEO。当时她还是北京一家防伪技术公司的一名小文员。她在学习SEO后，立即向公司申请转岗成为销售员，运用SEO来做业务，短短两个月就成为公司的销售冠军，每月收入上万元。2010年，她辞职创办了自己的公司，现在每年赚上百万元。她的事迹让她原来公司的同事大为震惊，后来她原来公司的很多同事都纷纷来学习SEO。

这个世界上，大多数人都不思进取，他们永远在原地踏步，因为他们永远不会改变自己。他们经常嘴上说要做出改变，但请相信，他们永远只是嘴上说说而已，他们绝不会去做。

而你只需要一点点的改变，就会脱颖而出，从此改变你的命运。

请相信一个古老的成语：水到渠成。

我的很多学员都是公司普通的销售员，在阅读了本书或是参加了SEO培训后，利用SEO推广产品，都取得了相当不错的销售业绩。下面将分享一些成功学员的例子。

就在今天，我又接到了两个客户的询盘，其中一个购买设备，成交额约7万元，达成合作的意向非常强烈。尹老师，我很庆幸，我在人生的十字路口徘徊的时候遇到了您，在学习SEO之前，我根本没有想到会有现在这样大的转变，我只想由衷地对您说一句：励志照亮人生，SEO改变命运！感谢您，我的老师，我的朋友！（SEO学员：马勇）

——摘自《SEO学员：励志照亮人生，SEO改变命运！》

我在2009年4月参加了尹高洁老师的SEO培训班，通过学习尹高洁老师的SEO课程，大约一个多月后在网上接了一单石材的生意，总金额差不多20万元，这也是我的第一单网上生意，利润也可以。SEO培训班的学费才1200元，相比起来，利润已远远超过学费。（SEO学员：黎志敏）

——摘自《SEO学员：学SEO后一个月接单20万元》

一年左右的时间，找到我的客户已经接近200家，做成了二十多家，要不是由于工厂的一些原因，也有一些客户不太适合，成功的概率会更大。目前，我正在筹备注册公司，我想拥有一家属于自己的公司，自己做老板。以尹老师的SEO为源泉，为利器，我非常自信。不久我一定可以把小公司变成大公司，获得真正的成功。（SEO学员：张规胜）

——摘自《SEO学员：SEO让成功变得非常简单》

这样的例子有很多，如果想改变自己的处境，现在就可以去学习了。我在这本书的前言里说过，我曾经是一个网络菜鸟，如今却成为一个精通SEO的网络营销专家。那么，你为什么不可以？你应该对自己充满信心！因为我这样的菜鸟都能学会，你也一定能学会！

这本书将让大家在最短的时间里学会SEO，更重要的是，学会如何运用SEO去赚钱。

赚钱，就是你的目的。

最后请记住一句话：**钱不是万能的，但是钱能带给你世界上最伟大的东西，那就是自由。**

| 1.4 | SEO的第三种思路：中小企业卖产品，销量快速倍增

广大中小企业的老板和销售部门的经理，我郑重地向你们推荐我所创立的“SEO独孤九剑”（阿里SEO+独立网站SEO+博客SEO+论坛SEO+B2BSEO+问答SEO+文库SEO+视频SEO+微博SEO）。掌握了这个方法，你们的业绩一定会像翻筋斗云一样地往上翻。

我想透露一个秘密：经过我的检测，即使是把企业网站上的几个关键词优化到百度的首页，带来的流量依然很有限，带来的订单则更加有限。

为了解决这个问题，我提出了一个理念：我们必须给企业设计几百个甚至几千个关键词，然后通过全面撒网的方式，让这些关键词占领百度前三页。也就是说，当客户搜索关键词的时候，在百度前三页，都会发现你的关键词。

这就是我的SEO理念：**让你的关键词占领百度前三页！**

如此一来，即使你的企业网站上的几个关键词因为百度的算

法调整狠狠跌落下去，也不要着急，因为还有成百上千个关键词在第三方平台上有着很好的排名。因为百度不可能把网络上的所有第三方平台屏蔽。几百个、几千个关键词每天都会给你带来源源不断的流量，从而带来比以前多出数倍的有效询盘和订单。

占领百度前三页，这样的SEO效果好不好呢？你可以想象一下：客户无论搜索你所在行业里的什么关键词，在百度前三页都能找到很多你的产品信息。他们是不是会感叹：这家公司太牛了，跟他们合作应该没错！当客户这样感叹的时候，是不是会提高你的成交率呢？

我一直在给我的所有SEO学员灌输这种理念：你一定要竭尽全力地去做到这种效果，让你的关键词占领百度前三页，这样你根本就不用愁没有订单。

许许多多的学员都遵照我的理念去执行了，也取得了很好的效果。比如，我的一个SEO学员——永康市通标企业管理咨询有限公司总经理胡琳爱，带领她的团队，围绕"认证检测服务"这个主要关键词，设计了30000多个长尾关键词，然后在200多个网络平台上发布。这样海量的关键词在网络上地毯式地轰炸，让她的生意做到了全世界，她的公司得到了迅速发展……你可以想象一下，30000多个关键词在网络上遍地开花，那是一种怎样壮观的效果？

令人恐怖的、震惊的、震撼的、难以想象的效果！

胡琳爱这种做网络营销的超常规方式被阿里巴巴以《胡琳爱：5000关键词巧推广，网络+专业让通标认证服务做到全世界》为标题，在阿里巴巴中文网上进行了特别报道。许许多多的人为之震惊和感到由衷的佩服。殊不知，我很多的学员都跟胡琳爱一样，采用我所教授的方法，以海量的关键词疯狂地占领百度前三页。

如果你们网站的关键词也像这样“占领百度前三页”，那么毫无疑问，每天都会有大量的意向客户发现你的网站，然后按照你在网站上留下的联系方式，跟你取得联系。你要做的就是回答客户的咨询，然后报价，签合同，收钱。

就是这么简单。

当然，SEO带给你的只是有效流量和意向客户的询盘。至于你是否能把客户谈下来，还是要看你的沟通能力、你个人的诚信度以及产品本身的质量。如果这些你都不具备的话，那就怪不得SEO了，因为SEO已经完成了它的任务，最终的成单还是要由人来完成。你说是不是?

简言之：**“SEO独孤九剑”的功能就是给你带来大量有效的询盘。**

现在，你可以有三个途径或者说三种选择，使你网站上的关键词在各大搜索引擎上排名靠前。

第一种选择：在百度上投放关键词广告，也就是常说的竞价排名。

很多人都知道，百度竞价排名就是通过付费，把你的网站上的关键词排在百度首页前几名。这样做的效果还是不错的，但是投入的成本却非常大。由于竞价排名是按点击收费，每点击一次，百度就收取几元到几十元不等的费用。众所周知，竞价排名烧钱非常厉害。一年算下来，竞价排名的费用在几万元到几十万元不等。这样的成本对中小企业来说太高了。

第二种选择：找一家专业的SEO公司，让他们帮你的网站做优化。

目前，专业的SEO公司给一个网站做整体的优化，每年的收费在2万～5万元。并且，这仅仅是对企业网站做SEO，而忽略了其他网络平台的优化推广，所以实际效果有一定的局限性。

第三种选择：参加系统的SEO培训，自己掌握这个方法，然后把方法传授给你的员工。

对于很多的中小企业来说，把网站交给专业的SEO公司去优化，2万～5万元的优化成本会显得过高，你们在决定做这个事情的时候很可能会踌躇不前，甚至望而却步。你们会对SEO最终能否取得良好的效果心存疑虑，怕花出去的钱最后打了水漂。

那么，为了进一步降低成本风险，我个人建议你参加系统的SEO培训，因为培训的费用不高。授之以鱼，不如授之以渔，与其请别人给自己的网站做优化，最后还是不知其所以然，不如自己学会这种方法。

当你自己掌握了SEO，你就可以教你的销售团队运用这种方法，从而快速提高销售业绩。

我们再来分析一下资金成本，你就会知道SEO为什么是成本最低的网络营销方式了。

你如果聘请10个业务员，每个业务员以2000元的工资计算，一个月就是2万元，一年就是24万元。而如果你实施了SEO，那么，你至少可以裁去5个业务员，剩下5个业务员。当这5个业务员在你的培训之下学会了SEO，那么，这5个业务员所做出来的业务量一定会比以前10个业务员做出来的业务量还大。这样，你一年既可以节省12万元的基本工资，还可以赚到更多业务量带来的利润。

怎么样，从这个角度来分析，做SEO是不是非常划算？

老板们都是精明的生意人，到底选择竞价排名（每年投入几万元到几十万元），还是做优化网站（每年投入2万～5万元，效果还不怎样），又或者是参加系统的SEO培训，自己掌握这个方法（几千元左右的学费），你自己心里有数，不用我多说了。

我的很多学员都是企业老板，他们在接受我的培训后，马上对自己的销售团队进行了培训，并利用SEO来推广产品，都取得了非常不错的销售业绩。这样，仅仅花了一点学费，他就使得他的整个销售团队都掌握了这种先进的网络营销方法。下面分享一些我的企业老板学员成功的例子：

我按照尹高洁老师教给我的方法，严格地去执行！公司以前每年平均签100万元的单子，设计师就两个，现在翻了两倍，也就是说现在每年可以签200万元的单子了，设计师也增加到了6个。现在公司一个业务员也没有，真的实现了最少的人员投入获取最大的利润。而这一切的一切我都要感谢我的老师。

——石家庄美潮装饰工程有限公司副总经理　张丽芬

种下的种子终于在我学习尹老师的课程半年后成熟！我在2009年11月接到一个韩国客户的订单，他每个月都有10万元的订单，我一下子用低价把他吸引过来了，然后进行细致的跟踪，在11月实现了2万多元的成交额，到12月做了8万多元，到2010年1月，我做了10万元的成绩，3月，我在这个客户身上又成交了3万元。后面还有接近10万元的订单。非常感谢尹老师教我学会了这个课程，让我体验到网络营销的神奇！现在我有一个正在跟踪的中国台湾的客户和一个中国香港的客户，如果成交，那我每个月的网络订单成交额将突破30万元。一年下来，这个数将非常的可观。

——广州增城越昌精密橡塑五金制品厂总经理　鄢元江

我是尹高洁老师最早的SEO学生之一，运用尹高洁老师讲的SEO的技巧在短短的两个月内从一个无所事事的内勤成了一名销售精英或者说业务黑马！每个月签单个数最多的时候达到13个新的客户。2010年8月，我正式注册了自己的公司。2012年，我的公司一年的净利润达到100多万元！

——北京诚瑞成包装印刷有限公司总经理　霍文霞

朋友们，我已经把如何通过SEO来赚钱的三种思路详细地讲述了一遍，我相信你一定会认同我的观点。那么，接下来，我所要讲述的将是最重点、最精华的内容，那就是SEO的知识、技巧和策略。只有学会这些知识、技巧和策略，你才可以利用SEO去赚钱。

1.5 服务器对SEO的影响

服务器对网站的SEO有着非常大的影响，所以，你一定要慎重地选择一个好的服务器虚拟空间提供商。

绝大多数的中小企业都不可能也没必要拥有自己的独立服务器。你的网站是由专业的网络公司或网络工作室来制作的，同时他们也会把服务器里的虚拟空间租给你。

我们先来想一想，如果一个潜在客户在百度上搜索到你的产品的关键词，他点击了你的网站，想来了解你的产品，但是你的网站打开的速度极慢，能把人急死。那你认为，这个潜在客户还会有耐心等下去吗？5～10秒钟之后，他一定会离开。这样，你就失去了一个潜在客户，失去了签一个订单的机会。损失有可能是几千元、几万元，甚至是十几万元、上百万元。

网站打开速度慢有多种原因，但服务器不稳定是最主要的原因。搜索引擎的索引程序——我们形象地称之为“搜索蜘蛛”，它每天都会对你的网站进行一次索引，但是如果正好碰上服务器不稳定，搜索蜘蛛就无法进入你的网站，那你的网站上的关键词在百度上的排名就会下降。如果服务器长期不稳定，那就倒霉了，即使你的网站经过最完美的SEO，搜索蜘蛛对你的网站也不会感兴趣，你的网站上的关键词将很难在百度的前列出现。

如果服务器很稳定，你的网站虚拟空间也足够大，潜在客户点击一下，网页很快就可以弹出来，这样的快感是每一个人都喜欢的，潜在客户就会仔细浏览你的网站，他很可能会拿起电话跟你联系。

所以，一定要慎重选择一个好的服务器虚拟空间提供商。**因为服务器的稳定与否直接关系到你的网站上的关键词的排名和你的订单。**

目前中国万网（以下简称万网）是国内比较知名的服务器虚拟空间提供商，你可以直接到万网上去购买虚拟空间，而没必要委托网络公司购买（由网络公司代购有着很大的弊端，后文我将详细讲述）。

然后说一下服务器的地域问题。这主要是区分国内和国外。

如果你是做外贸的，公司网站是英文网站，那你最好把你的网站托管在国外的服务器上。为什么要这样呢？因为如果你的网站托管在国内的服务器上，距离国外太远，国外的客户打开你的网站要花费的时间相对比较长，而客户的耐心是非常有限的，网站5～10秒钟打不开，客户就离开了，这对你来说是一个损失。而如果你的网站托管在国外的服务器上，网站打开速度正常，那么国外的潜在客户很容易进入你的网站，他就有可能向你询盘，并有可能向你下订单。

服务器的区域性还决定着排名效果。现在我们假设你的英文网站做了很好的SEO，当你的网站托管在国外的服务器上了，那你的产品关键词在国外被搜索的时候，在搜索引擎上的排名是很靠前的，而在国内被搜索的时候，排名是很靠后的。同理，当你的网站托管在国内的服务器上时，那你的产品关键词在国内被搜索的时候，在搜索引擎上的排名是很靠前的，而在国外被搜索的时候，排名是很靠后的。

所以，**你的客户群体主要在哪里，你就要把你的网站托管在哪个地方的服务器上**。一切都要以潜在客户所在地为导向。

那么，国外的服务器怎么去托管呢？通常来说，如果你要做英文网站，客户群体是外国人，最好找专门的外贸网络公司给你做，它们的服务器都是代理国外的服务器虚拟空间提供商的。只是在价格上可能稍微高点。

如果你要做一个中文网站，客户群体是中国人，服务器在国内任何城市都无所谓。

总之，服务器对于SEO的影响是很大的，很多人都忽略了这个细节。

1.6 选择一个好的域名

域名非常重要。选择域名要从两个方面来考虑：第一，简单、好记；第二，包含关键词。

先从简单、好记的域名来说。

举个例子：www.hao123.com和www.celgenpharm.com，这两个域名，你最容易记住哪个？不用说，肯定是前面那个。截至2016年12月，中国网民数量达7.31亿，但是绝大多数还是菜鸟，并且英语水平普遍不是很高。你让网民去记住这个长长的英文域名，那是难为他们了。中国人的阅读习惯你应该还算了解，我们比较喜欢拼音，而且我们从小就学拼音，所以拼音域名比英文域名更受欢迎且更容易传播。

再打个比方，如果你的企业是做视频软件的，现在有两个域名供你选择，一个是www.video-software.com，一个是www.shipin123.com，你选哪个？你应该会选择www.shipin123.com，因为这个更容易被记住。这是针对中国网民来说的。如果你的客户是国外的，那你要选择的就应该是前面那个。

域名越短越好，长度最好不要超过10个字符，这样才容易记。

再从包含关键词的域名来说。

很多人都已经认识到了关键词在网站中的重要作用，但是绝大多数人还只知道在title标签、meta标签以及网页内容里设置关键词，却不知道在域名里最好也设置关键词。

由于搜索蜘蛛首先是要通过域名进入网站的，所以域名里的关键词非常重要。因为如果域名里设置了关键词，搜索蜘蛛第一时间就可以知道这个网站是做什么的。

域名里包含关键词，对搜索蜘蛛非常友好。

比如，你的企业是做印刷的，那域名里最好包含yinshua这个拼音关键词。

现在好的域名基本已经被注册了，所以一般在拼音关键词后加一些常见的数字，比如yinshua123，yinshua520，inshua888，等等。要查询这些域名有没有被注册，我推荐万网。

1.7 选择域名后缀

目前国内企业网站常用的域名后缀是.com、.cn、.net。.com是国际最通用的域名后缀，.cn是国内通用的域名后缀，.net也是国际通用的域名后缀。

我以前在一些SEO教程里看到过这样的判断：带有非商业性的.net比带有商业性的.com具有更高的排名优势；对中文网站来说，表示中国域的.cn比无地区性的.com有一定优势。

我认为这个判断是不对的。

对所有的搜索引擎来说，.com、.cn、.net都具有相同的权重。百度、谷歌不可能因为.net带有非商业性，就给予.net更高的权重；百度、谷歌也不可能因为.cn是中国的域名后缀，就给予.cn更高的权重。

在此跟大家普及一下有关域名的基本常识。

通常一个网站的首页网址是由三个部分组成的。比如：www.hao123.com。其中，www是world wide web的简称，也可以直接叫web，是域名的标识；hao123即为域名；.com是域名后缀。请记住，其中hao123才是真正的域名。但是，通常我们为了方便称呼，就直接把www.hao123.com看作域名。

在域名网站上（比如万网）注册一个域名的时候，它提示你首先要选择域名后缀。当一个域名注册成功的时候，域名和域名后缀同时产生，形成独一无二的网站首页网址。不管你选择的域名后缀是.com、.cn还是.net，权重都是0。

比如，当hao123.com刚注册完成的时候，权重是0。一段时间后，hao123.com的权重就会慢慢地提高。因为权重是影响关键词排名的主要因素，所以域名的权重越高，关键词就越有排名优势。这也是为什么有一定权重的域名在域名交易市场上很受欢迎。

记住这点：域名使用的时间越长，权重会越高。注意，我指的是“使用”，就是说，这个域名要成为一个网站的正式生效的首页网址。如果这个域名仅仅是被注册过，而从来没有被使用过，那么它的权重也基本为0。

因此，从SEO的角度来说，域名后缀无论是.com、.cn，还是.net，都是一样的，没有多大区别。

但是，选择域名后缀应该也要从人们的使用习惯来考虑。国内的企业网站绝大多数都是选用.com，而普通网民也更加习惯使用.com。所以，尽可能地选用.com作为域名后缀。

如果某个你看好的域名+.com已经被别人抢注了，那么，你可以考虑选择其他域名后缀。比如，你是做不锈钢的，非常喜欢buxiugang这个域名。但是，buxiugang.com已经被别人抢注了，那么，你可以考虑使用buxiugang.cn，或者buxiugang.net，或者buxiugang.com.cn，或者buxiugang.net.cn。这些域名都是可以的。

当有两个域名供你选择：bxg888.com和buxiugang.cn。那么，我会建议你使用buxiugang.cn。因为按照人们的思维习惯，不一定知道bxg888是什么意思，但是却知道buxiugang是什么意思。所以，从用户体验的角度选择域名后缀，这点非常重要。

1.8 title标签和meta标签的设置

title即为标题，meta包括keywords（关键词）和description（描述）。title标签和meta标签的设置在SEO中占据着非常重要的位置，所以大家一定要重视。

我们以我曾给客户做的一个网站www.gezhled.com为例（大家在电脑上打开这个网站），说明一下。

在网站首页上，按鼠标右键，找到“查看源代码”，点击进入，会看到这样的内容（默认用Windows操作系统）。

```
<title>LED灯具厂家/LED工厂照明/LED商业照明/LED工程照明-昆山格智照明电器有限公司</title>
<meta name="description" content="昆山格智照明电器有限公司，LED灯具生产厂家，产品定位为中高端，江浙沪可上门安装，专注LED工厂照明、LED商业照明、LED工程照明，是一家集LED照明研发设计、制造、销售、安装服务为一体的综合性企业，公司拥有专业的先进生产配套设备和高素质的管理团队，拥有专业的设计队伍和超前的设计理念，引进先进的生产工艺，拥有严格质量控制流程及专业的管理团队。" />
```

<meta name="keywords" content="LED灯具生产厂家_LED灯具厂家直销_节能灯具生产厂家_LED日光灯管_LED筒灯_LED射灯_LED轨道灯_LED面板灯_LED吸顶灯_LED球泡灯_大功率LED灯_LED投光灯_LED筒灯" />

其中，title是最重要的，也是权重最高的。**“LED灯具厂家/LED工厂照明/LED商业照明/LED工程照明–昆山格智照明电器有限公司”**，这一行字出现在网站的最顶端，搜索蜘蛛首先抓取的就是这个title。所以，title的设计是最重要的，它直接关系到网站在百度上的排名。

大家要记住：网页的title里必须要包含关键词，并且关键词一般设置3～5个，不要超过5个。很多人觉得自己的产品多，于是在title里拼命堆积关键词，恨不得把所有的关键词都放上去，这不仅没有太大效果，而且还有可能被搜索蜘蛛认为是在作弊，导致被百度“K掉”。

对于keywords标签，可以参照LED灯具厂网页里源代码的设计，设置许多个关键词。源代码里的关键词，跟通常所说的设置关键词不同，这里是指title里的关键词。

description，顾名思义是对这个网页的描述。我们来看www.gezhled.com首页的描述。

昆山格智照明电器有限公司，LED灯具生产厂家，产品定位为中高端，江浙沪可上门安装。专注LED工厂照明、LED商业照明、LED工程照明，是一家集LED照明研发设计、制造、销售、安装服务为一体的综合性企业。公司拥有专业的先进生产配套设备和高素质的管理团队，拥有专业的设计队伍和超前的设计理念，引进先进的生产工艺，拥有严格质量控制流程及专业的管理团队。

这段话简洁明了地概述了昆山格智照明电器有限公司。

事实证明这种设计对于关键词在百度上的排名效果是非常好的。

1.9 关键词的密度分布

一个网站要做好SEO，需要把握好网站里面的关键词分布密度。通常来说，关键词分布密度控制在1%～7%；也有人说控制在2%～8%。

为什么要控制好关键词分布密度呢？

谈到这个问题，我们首先要了解搜索引擎是如何工作的。前文我们已经讲到了“搜索蜘蛛”，它是指搜索引擎的一个索引程序，简称“蜘蛛”。

现在请回想一下，你小时候观察屋檐下的蜘蛛和蜘蛛网的情景。阅读下面的文字的时候，请在脑海里交替想象真实的蜘蛛网和网页，因为我会不断重叠它们的概念，这样你会更容易理解。

蜘蛛通常是顺着链接（网丝）去抓取一个网页（蜘蛛网）以及关键词的。我们可以把网页里的关键词比喻为“小虫子”。蜘蛛喜欢吃小虫子。当蜘蛛在网页（蜘蛛网）上爬行时，碰到一个关键词（小虫子），就会很高兴地抓取（吃掉）。

蜘蛛觅食，也会遵循天地万物一个普遍的道理：中庸适度。关键词（小虫子）太少，蜘蛛会不重视这个网页（蜘蛛网）；关键词（小虫子）太多，蜘蛛也会厌烦。所以，想象一下，在蜘蛛网上，如果小虫子这里一只，那里一只，对于蜘蛛来说，会更有乐趣。同样的道理，如果在一个网页上，关键词这里一个，那里一个，分散开来，蜘蛛将会很喜欢抓取这些关键词。

所以，网页上的关键词分布，不是越多越好，也不是越少越好，匀称、适度是最好的。这就要求你在做SEO时，把握关键词在网页里的分布密度。关键词分布密度控制在1%~7%，也可以控制在2%~8%，这个差别不大。

1.10 做好超链接

大家一定要重视超链接，因为超链接在SEO中占据着极为重要的地位。甚至有人这样说：超链接就是一切！超链接包括4个方面：友情链接、导出链接、导入链接、内部链接。

下面告诉大家如何做这些链接。

（1）**友情链接**，是指两个不同的网站之间的相互链接。

友情链接里最好包含关键词。尤其是在最后一个友情链接里，包含关键词是对搜索蜘蛛友好的表现。

（2）**导出链接**，是指在自己的网站上链接了别人的网站。

比如你有一个网站，你需要在网页的适当位置加上一些别的网站的链接。这些链接最好是与自己的网站内容相关或相近的。如http://news.sina.com.cn/，新浪新闻频道的导出链接都是新闻网站。

（3）**导入链接**，也叫外部链接或反向链接，是指别的网站链接了你的网站。下面介绍4种做外部链接的方法。

① 在交换链接的BBS发布友情链接交换信息。

② 发布原创软文，在软文中合理地加上超链接，当软文被众多网站转载之后，就可以帮助你的网站增加非常多的外部链接。

③ 在论坛签名中加上你的超链接。在各个论坛发言、发帖子等，资源要好好利用。

④ 创建博客，在博客中合理地加上自己的网站的超链接并且不断地丰富博客的内容。

增加外部链接要注意的问题：

- 要循序渐进，不要一下子增加非常多。
- 要重质量，不要单纯地追求数量。

假如你正在运营一个新的网站，你请求别人的网站尤其是那些PR值（网页级别）比较高的网站来链接你的网站，这可能不大现实。这里教大家一个非常好的办法，那就是注册几个国内最知名的博客。这些博客的PR值一般都是很高的，你就在博客上链接你的网站。

推荐几个国内最知名的博客站点：

新浪博客 http://blog.sina.com.cn/

搜狐博客 http://blog.sohu.com/

网易博客 http://blog.163.com/

天涯博客 http://blog.tianya.cn/

阿里博客 http://club.1688.com/zhuanlan.html

（4）**内部链接**，是指一个网站的内部网页与其他网页之间的相互链接。

比如我们在一些文章的后面可以看到这样的链接。

更多精彩文章，立即点击阅读>>

要成功，就去找马云。

你的“核心能力”在哪里？

年薪100万元，谁愿意聘我当营销总监？

这些文章的标题直接链接到博客内部的其他文章。

这样的网页内部链接方式有一定的好处：第一，有利于用户很方便地了解相关的信息；第二，使搜索蜘蛛知道这些被链接的网页是非常重要的，并对这些网页加以重视，进而使得这些网页在百度上的排名更加靠前。

1.11 查询网站的PR值和权重

PR值全称为PageRank（网页级别），它是SEO里一个重要的概念，是用来表现网页级别的一个标准，级别从0到10，是谷歌用于评测一个网页“重要性”的一种方法。

刚刚建立的新网站，PR值为0。一般的企业网站，PR值能达到2就很好了。理论上，一个网站的PR值越高，它的关键词在百度、谷歌上的排名也越靠前。

在SEO里还有一个重要的概念叫作权重，权重也是衡量网站重要性的一个标准。理论上，一个网站的权重越高，它的关键词在百度、谷歌上的排名也越靠前。

通常为了便于理解，可以把PR值看成是权重，也就是说，PR值≈权重。一个网站的PR值越高，相当于权重越高。

因为权重是影响网站上的关键词在百度、谷歌排名的重要因素，所以我们做SEO时就需要千方百计地提高网站的权重，也就是提高网站的PR值。至于如何提高网站的权重，其实有很多方法。我们暂时不探讨这个问题。

目前有很多的工具可以查询网站的PR值。推荐使用http://pr.chinaz.com/（百度输入“PR查询”也可找到这个网站）。打开这个网站，如图1.1所示，输入企业网站的首页网址（即网站域名），点击“查询”即可。

图 1.1　PR值查询网站

查询网站的权重也有很多工具。推荐使用http://mytool.chinaz.com/baidusort.aspx（百度输入“权重查询”也可找到这个网站），如图1.2所示，打开这个网站，输入企业网站的首页网址，点击“查询”即可。

图 1.2　权重查询网站

1.12 查询关键词的日搜索量

百度指数是用来查询关键词搜索量的一个重要工具。它的网址是：http://index.baidu.com/。通常来说，任何行业的核心关键词，我们都能通过百度指数查询到它的搜索量，因为任何行业的核心关键词都有人在百度上进行搜索。

在此举例说明百度指数。大家打开http://index.baidu.com/（百度一下“指数”即可找到这个网站）。输入一个产品的核心关键词：不锈钢。这时显示出来一个数据图，如图1.3所示。

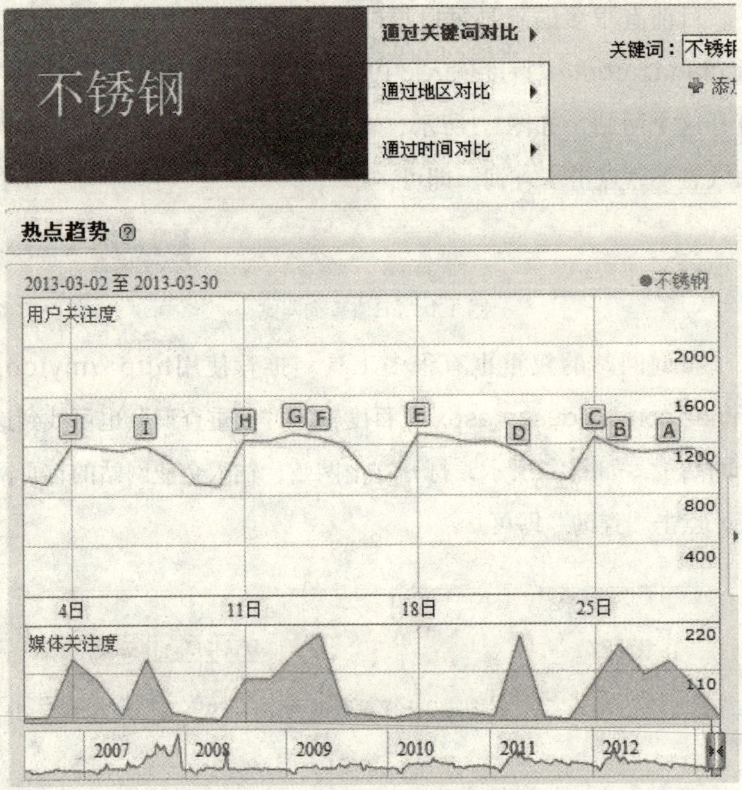

图1.3　百度指数日搜索量查询

把鼠标箭头放在上面的那条曲线上不断地移动，然后在数据图的右上角可以发现一个不断变动的数字，这个数字就是日搜索量。通过这个数据图仔细分析，“不锈钢”这个产品关键词在最近一个月内的日搜索量为600～1200人次（也就是说，每天有600～1200人次在搜索“不锈钢”这个产品关键词）。

查询产品关键词的日搜索量的意义在于让你清楚每天到底有多少人通过百度在搜索该产品关键词，由此判断百度可能会给你带来的潜在客户的数量。

像“不锈钢”，这是一个市场需求很大的产品，所以每天有600～1200人次在搜索。而很多市场需求很小的产品，每天的搜索人次可能在100以下。甚至有一些产品关键词，在百度指数里根本没有任何数据显示。比如，“捆绑带”这个产品关键词，当你在百度指数里搜索的时候，没有任何结果显示。当然，这并不表示“捆绑带”这个产品关键词没有人在百度搜索，而是日搜索量极低，百度指数不予显示搜索数据。

对于日搜索量大的产品关键词，通常做SEO时需要好几个月甚至一年左右的时间才能将那个关键词优化到百度首页。对于这样的问题，我们可以通过设计大量的长尾关键词来解决。比如有个学员按照我讲解的方法设计了5000多个长尾关键词，销售业绩获得了极大的提升。

对于日搜索量小的产品关键词，通常来说更加容易做SEO。最佳的解决手段是“双管齐下”，就是说，不仅要在较短的时间内把核心关键词优化到百度首页，还要设计大量长尾关键词，让核心关键词和长尾关键词都能尽快带来询盘和订单。

1.13 判断关键词的优化难度

传统观念上的所谓“关键词”，指的是核心关键词。比如，不锈钢、电脑、包包、服装、奶粉……这些简单的两三个字的词语就是核心关键词。

对于很多企业来说，他们就是希望SEO公司帮他们把这些核心关键词优化到百度的首页。一般情况下，核心关键词的搜索量都比较大。所以，企业网站上的核心关键词如果被优化到了百度首页，那自然能带来可观的意向流量。

但是，众所周知，核心关键词的优化难度是很大的。核心关键词越热，优化的难度越大。

那么，要如何判断一个核心关键词的热度呢？

以“不锈钢”这个核心关键词为例。打开百度www.baidu.com，输入“不锈钢”进行搜索。在百度搜索框下面，可以发现一行浅色的字体：百度为您找到相关结果约31,100,000个（2016年1月17日数据），如图1.4所示。

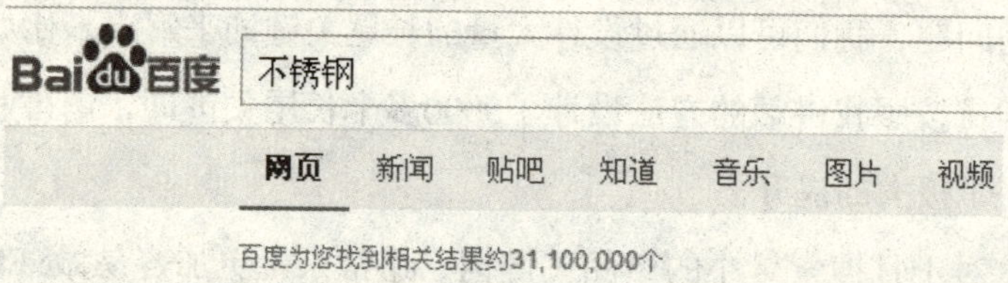

图1.4 百度搜索结果

通常来说，搜索结果在30万以下的关键词都是偏冷门关键词；搜索结果在100万以上的关键词就是偏热门关键词了；搜索结果如果达到了1000万，就是超级热门的关键词了。而“不锈钢”这个关键词的搜索结果达到了惊人的3100万，也就是说，百度抓取了3100万个有关“不锈钢”的页面，“不锈钢”这个核心关键词优化的难度几乎大到不可想象的地步。

对于这类超级热门的核心关键词，要做好一年之内都不大可能优化到百度首页的心理准备。我从事SEO这么多年，郑重地告诫大家：不要相信任何SEO公司能把热门的核心关键词在规定时间内优化到百度首页的保证。但是，对于冷门的长尾关键词，SEO公司可以承诺在规定时间内优化到百度首页。

因此，可以得出一个结论：越是热门的关键词，优化到百度首页的难度越大；反之，越是冷门的关键词，优化到百度首页的难度越小。

在百度输入自己的产品核心关键词，查询一下核心关键词的热度是多少，就可以大致判断这个核心关键词被优化到百度首页的难度有多大。

通过百度关键词的搜索热度数据，我们还可以判断产品在整个国内市场上的供应情况：搜索热度数据越大，说明同行越多，所面临的市场竞争越大。

当然，如果只做本地市场，比如印刷行业，受地域影响比较大。如果你是在深圳从事印刷行业，那你可以在百度上搜索“深圳印刷”，通过搜索热度数据，就可以判断当地的市场有多大，做到心中有数。

第2章

SEO营销理念

不是所有人都必须用SEO，那什么样的人适合SEO，什么样的产品适合SEO？本章从营销理念入手，分析适合SEO的行业和人。

本章内容主要包括：

- 如何做好SEO
- 区分SEO与SEM
- 我的“SEO独孤九剑”
- 学SEO需要什么样的执行力

| 2.1 | 是不是任何行业、产品都适合做SEO

总有人问我这样一个问题："我是做××行业（××产品）的，适合做SEO吗？"

对此，我一律不假思索地回答："SEO适合任何行业、任何产品。"

原因很简单：任何行业、任何产品，都有人在搜索引擎上进行搜索查询。

我们可以利用百度指数查询工具来查询关键词在百度上的搜索量。这个工具的域名为http://index.baidu.com/（百度一下"指数"即可找到）。打开这个工具，在搜索框里输入核心关键词，一般都能查询相应的行业、产品每天的搜索量。有人搜索，说明有客户想购买，这是毫无疑问的。

当然，也有些非常冷门的关键词，比如"捆绑带"，无法在这个工具里查询到相关数据，但这并不表示没有人在百度上搜索"捆绑带"，只是搜索的人太少，百度指数没有显示而已。

根据人们的搜索习惯，人们通常只会在百度的前三页进行搜索。所以，如果你的网站上的关键词能够进入百度前三页的位置，被客户搜索到的概率自然就会大大提高；相反，如果你的网站上的关键词在百度三页之后，被客户搜索到的概率就会很低。

SEO，其实就是一种把关键词优化到前三页的方法。

SEO，带来的是精准的意向客户。

SEO，已经成为目前网络营销里最重要的方法之一。

对于中小企业来说，不可能像大企业那样到处做付费的广告，SEO就成为免费的网络推广中最有效的方法了。

不管你从事的是什么行业，不管你经营的是什么产品，SEO都是你无法绕开的一个网络推广主题。它会像魔法石一样，牢牢地吸引你去学习它、研究它。它充满了无限的诱惑力。因为SEO跟赚钱是紧密联系的，没有谁不想赚钱。

SEO是个叫人又爱又恨的家伙。爱它，是因为它的确能带来很多订单，帮你赚到很多钱；恨它，是因为如果自学的话，会让你付出太多的时间。

大多数人选择了自学，因为他们没有把时间成本计算进去。少部分人选择了参加付费的培训，因为他们意识到，时间成本比资金成本高太多。

作为一名SEO老兵，我仍然在孜孜不倦地学习、研究SEO，因为SEO总是不断产生新的内容。它绝不是像某些人说的那样，SEO只有那么几招，掌握这几招就够了。

任何一种单独的SEO带来的流量都会很有限。要做就做规模化的SEO，因为只有规模化的SEO才能带来规模化的流量和询盘，这样的SEO才能把效果成倍地放大。我总结出的“SEO独孤九剑”（阿里SEO+独立网站SEO+博客SEO+论坛SEO+B2BSEO+问答SEO+文库SEO+视频SEO+微博SEO）正是这样一个完整的理论体系和培训体系。

我相信，“SEO独孤九剑”会让国内从事不同行业、经营不同产品的中小企业迎来网络营销上的大跨越。

对于SEO的研究，我将一如既往地保持着热情。

当很多人坚持的时候，我在坚持；当很多人放弃的时候，我依然会坚持。

所以，大家从本书中学到的最重要的东西其实不是SEO，而是如何去坚持。

| 2.2 | 对产品不熟悉，并不妨碍做好SEO

有人曾问过我这样的问题："我刚刚进入这个新行业，对产品也不熟悉，能做好SEO吗？"

SEO跟产品有关系，但是又没多大关系。为什么这样说呢？

一个产品，是以关键词的形式出现的，比如你是经营冷水机这个产品的，那么"冷水机"就是一个关键词。而关键词要出现在百度的首页，就必须经过SEO。从这个意义上来说，SEO是建立在一个特定产品的基础上的，它们之间有着紧密的关系。

但是，能否做好SEO与你是否熟悉特定的产品关系又并不大。无论经营何种产品，只要掌握了SEO的思维、策略、方法、技巧，就能把这些产品关键词做到百度的前面。这好比中学时学数学公式，只要掌握了公式，不管什么样的题目，都能套用公式解答出来。

所以，不要因为对产品不熟悉，就对SEO产生畏惧感。我们欢迎一切对产品熟悉和不熟悉的人去研究和运用SEO。

当然，你对产品熟悉之后，你的SEO会做得更出色。因为对产品的熟悉会在一定程度上帮助你去设计包含关键词的产品标题，而好的标题可以大大提升客户点击率。

2.3 为什么说很多SEO理论不实用

我从2007年开始学习、研究SEO以来，读过很多专家写过的SEO教程和文章。随着不断实践和总结，我发现很多SEO理论仅仅只能是理论，没有太多实用性。因为很多文章里只有直接照搬前辈专家教程里现成的知识点，没有真正经过思考和实践得到的体验。

我写SEO文章之前，事先都经过实践操作，并融入自己的一些想法。可能新的想法不多，但是我写的SEO经验谈一定是经过实战检测过的。

对于SEO，实战性才是最重要的。

为什么说很多SEO理论不实用，或者说，不具有实战性呢？如果一种SEO理论不具备让大多数学习SEO的人可以简单上手，那么这种理论就不具备普遍推广的价值，这就表示，它的实战性不强。

举个典型的例子：做外链。所谓"外链为皇"，充分说明外链在SEO里的重要性。前辈专家们总结出了几十条做外链的方法，但是，仔细研究并实践后发现，其中大多数做外链的方法都只停留在理论上，并不适合大多数人操作。在此，对以下几种做外链的方法做点评。

（1）到交换链接的BBS发布友情链接交换信息。

点评：当发布友情链接交换信息之后，主动来做友情链接的人少之又少。所以，不具备实战性。

（2）与行业协会或商业机构联系。

点评：这些非营利性网站的链接权重一般都比较高，所以与这些网站进行链接交换是一种非常好的手段。但是，你认为这些网站会跟一个不知名的、权重低的小企业网站做友情链接吗？想都别想了！所以，这完全是个空想，更加不具备实战性。

（3）给自己的网站增加自助链接申请功能，吸引其他网站主动与你链接。

点评：你认为在自己的企业网站上设置自助链接功能，就能吸引其他网站主动与你链接吗？你是新浪，还是阿里巴巴呢？如果不是非常知名的小企业网站，别人会主动跟你链接吗？当然不会。所以，这还是空想！完全不具备任何实战性。

以上列举的三种做外链的方法，在很多SEO教程和文章里都可以看到，也被很多人转载传播。但是实践证明，这些都是空想的理论，不适合大多数学习SEO的人，都不具备实战性。

所以，凡是被证明没有实战性的SEO知识点，本书一律不讲。

目前，国内的很多SEO培训师在给学员们做SEO培训的一个月左右的时间里，恨不能把所有的知识点都灌输给学员们。但是，我的课程教学时间更短，只有6个晚上，总共12个小时。因为我剔除了所有不实用的知识点，只讲解那些连电脑菜鸟都可以动手操作的知识点。

有的学员还会陷入这样一个误区：SEO的知识点学得越全越好，恨不能掌握SEO的每个知识点。我在此郑重地告诫大家：不要浪费宝贵的时间学那么多东西，SEO学得越多，头脑可能会越混乱。所以，只要掌握几个简单的要素和基本的思维方式就可以了。

所以，对于SEO的学习来说，简单和实用才是王道。

2.4 所谓的SEO证书，都是浮云

在很多行业领域，证书是敲门砖，但在SEO这个领域，所谓的证书，真的都是浮云。

据了解，目前并没有经过国家认证的、由国家主管部门专门颁发的SEO证书，但是一些网络培训机构却用颁发SEO证书作为卖点来招生。其实，那些证书都不会被承认，都是培训机构私自颁发的，相当于一个结业证书。

有人想参加我的SEO培训，问我："尹老师，你会不会给我们颁发SEO结业证书？"我明确答复："没有这个东西。"

在参加SEO培训之前，大家要弄清楚一个问题：学习SEO的目的是什么？

很简单，**目的就是用SEO的方法提高销售业绩，从而赚到更多的钱。**而不应该是为了拿到一纸所谓的SEO证书。即便拿到了所谓的SEO证书，其实也说明不了什么问题。因为学习SEO是一个系统的过程，在课堂上掌握的只是一套营销思维，更重要的是在系统学习完以后，按照课堂上所讲授的方法去实际执行操作，否则就等于没学。

效果，效果，还是效果。学习SEO一定要看到显著的效果。而衡量效果的标准是：询盘有没有增多，订单有没有增多，钱有没有赚得更多？

因此，所谓的SEO证书，都是浮云。

2.5 学SEO，没必要懂得如何做网站

很多人都有这样一个认识误区：学习SEO，就必须要先学会制作网站。

这里有两类人，向大家分别说明一下：一类是网站站长，这类人通常都是技术派人士，本身就懂得网站制作，他们学习SEO是为了优化自己的网站，对于他们来说，这是驾轻就熟的事情；另外一类人是销售员，这类人对网站制作这种技术活可以说一窍不通，并且时刻为月度业绩压力所困，没有那么多时间去学习复杂的网站制作技术。

很多人把网站站长和销售员两种身份混淆了，导致很多销售员误以为学SEO，就要像网站站长那样，首先必须懂得网站制作。

对于销售员来说，公司的网站不是由他们控制的，而是由老板控制的，所以销售员没有权利进入网站后台对网站进行修改优化。然而，这并不影响销售员学习、运用SEO。除了公司网站这个平台之外，还有很多第三方平台可以进行SEO操作。比如博客（新浪博客、阿里博客）、B2B平台（阿里旺铺、慧聪旺铺）、C2C平台（淘宝店铺），等等。这些第三方平台，只要注册后，销售员都可以对其进行SEO操作，简单方便。

要想学会网站制作这门技术，就必须持续地努力，因为这将是一个比较漫长的过程。有些计算机专业的朋友大学毕业后连基本的编程都没学会，更谈不上网站制作了。

而对于销售员来说，更没必要把精力放在制作网站这种耗时耗力的事情上了。销售员的任务是尽快做出业绩，因为老板和经

理每天都在盯着你有没有做出业绩。所以，销售员一定要选择最简单、最容易操作的推广技巧去获得客户的订单。

这就是为什么要绕开独立网站，而只针对博客、B2B平台、C2C平台对学员们做SEO培训，因为只有这样才能让销售员更容易上手，更快地出业绩。

2.6 学SEO不是学技术，而是学营销思维

很多学习SEO的人都陷入了这样一种误区：把SEO当成一种跟网站制作和编写程序紧密相关的技术活。有人宣称，如果不懂得网站制作和编写程序，就别妄谈SEO。甚至还有人说，最高深的SEO一定要懂网站制作和编写程序。

作为一个从2007年就开始研究SEO的人，我想告诉所有打算学习SEO的新人以及SEO技术派人士：从网络营销的角度来说，SEO跟网站制作和编写程序这些技术基本没有什么关系，更多的只是一些简单的操作，通常只要会打字聊天就能掌握SEO的操作方法。

因为，说到底，SEO只不过是一种营销思维。

做任何事都有一个思维区域，我们所要做的就是打开原有的固定思维，走向一个新的思维。只有思维解放了，做事才有事半功倍的效果。

SEO里包含了很多简单的营销思维，这些营销思维离你很近，只跟你隔着一扇窗。在窗子里面你会茫然四顾，而当你打开

窗子，会呼吸到很新鲜的空气。这就是为什么很多人一旦听到某个新颖的观点，犹如醍醐灌顶，恍然大悟，觉得找到路子了，这就意味着思维打开了。

我自创了一个“关键词心理学”概念，这个概念强调设置关键词的两个基本原则：第一，设置的关键词必须符合客户的购买心理；第二，设置的关键词一定要符合自己的经营范围。

很多人完全没有正确设置关键词的意识，结果选了一些无用的关键词，自然不会有效果。关键词的设置只要遵循“关键词心理学”的上述两个原则，就变成一件非常简单的事情，任何人都可以轻松设置大量对自己的销售有用的关键词，从而带来源源不断的询盘和订单。

我曾经总结出很多SEO思维，这些思维是你在其他SEO教材和SEO培训机构那里从未听说过的。只有新的思维方式，才能帮助大家用最短的时间掌握最简单、最实用的SEO。

SEO，仅仅是一种简单的营销思维。大家要学的就是营销思维，而不是其他的什么东西。

2.7 外链对于博客SEO起多大的作用呢

如果你对SEO稍微有所了解，就应该知道一个很有名的说法：外链为皇。这说明外链在SEO中拥有极其重要的地位。

要想使得网站上的关键词在百度上有不错的排名，做大量高质量的外链是一个重要且必要的手段。

独立网站跟博客SEO策略是有很大的区别的。

这里所说的博客，指的是第三方博客（比如阿里博客、新浪博客等），而不是指独立博客（所谓独立博客，是拥有独立域名的博客型网站）。独立网站需要做大量高质量的外链，而对于博客SEO，是否仍然必须注重外链的添加呢？

有一个经典的案例可以说明给博客做外链的超级效果。一位音乐网站的站长注册了500个第三方博客，然后把这500个博客相互外链，通过《老鼠爱大米》和《两只蝴蝶》这两首当年极为流行的歌曲名称占领了百度前十页，把所有从百度带来的流量全部从博客导入音乐网站。这样一个简单的技巧，让他的音乐网站每天都能得到几十万的流量，进而使得他每个月的收入都是几万元。

然而，这种技巧现在已经过时了。通过长时间的测试发现，如今外链对于博客SEO起到的作用越来越小。

对于博客SEO来说，有两个需要注意的地方：第一，需要长期坚持更新原创内容；第二，必须做好其他细节的操作，SEO永远是细节取胜。

2.8 做SEO，原创文章真的那么重要吗

有一句话被SEO从业者们奉为圭臬：内容为王，外链为皇。这里所说的内容，指的是原创内容。

很长一段时间以来，我几乎毫无条件地认同这句话。

但是，经过大量的实战检测，我发现了其中有经不起推敲的地方。

外链为皇，我没有异议。内容为王，大致上正确，但是需要视情况而定。

经常有学员诉苦：他在博客上发表了一篇原创文章，第二天去百度上一查，发现别人转载了他的文章，这倒没什么，可转载的文章排在前面，自己的文章反而排在后面。

这是很常见的现象了。按照内容为王的理论来说，原创文章的首发网站理应排在第一位，其他转载这篇文章的网站理应排在后面。诚然，文章在百度的排名也受到网站权重的影响，权重高的网站上通常排名更靠前。但是，事实上，在权重相同的情况下，百度偏偏经常把转载文章的那个网站排在前面，把原创文章首发的那个网站排在后面。

只能说百度在排名这点上是有漏洞的，正因为百度对原创文章有一定程度的轻视和对转载文章的纵容，导致许多人走捷径，大量转载或者做伪原创。其实，伪原创是SEO里一个无法回避的概念。我在做SEO培训的时候，也鼓励那些不擅长写原创文章的学员多做伪原创，因为伪原创在关键词排名中起到的作用一点不比原创差。如果实在连伪原创也懒得做的学员，也只好默许他转载了。这是百度的漏洞或者是潜规则。做SEO，不能完全按照书本上死板的规矩来做。有时候，只要能做到好的排名，只要不是非常过分的作弊，都是允许的。

再说说企业网站。99%的企业网站都有几个、十几个页面，并没有多少内容，对于是否原创，我认为并不重要。企业网站上的关键词排名，除了网站本身静态化的技术基础，做好网站结构和内容布局之外，最重要的是外链。

综上所述，外链为皇，这个没有异议。而内容为王，在实战中就经不起推敲了。

所以，奉劝想学SEO的朋友：SEO排名在理论上是一回事，在实战中又是另外一回事。最好找有丰富实战经验的人好好讨教，而不是自己去网上下载那些免费的SEO教材，这些教材上的东西很多都是过时的、没用的。

当然，并不是完全否定原创文章。事实上，我自己在各大平台（包括各大博客、B2B平台、信息分类平台、百度频道）做关键词的时候，99%用自己的原创文章，因为作为一名SEO优化师和SEO培训师，不管现实如何，都必须要坚持一种“原创精神”。

如果仅仅从影响排名的因素来看内容为王，那原创文章的确不如想象中那么重要。但是，内容为王还包含着一层更深刻的意思，那就是对用户的吸引力和对用户的价值。

如果一个网站大多数内容是原创的，那么，即使这个网站被百度无情地屏蔽掉，它对于用户的吸引力仍是巨大的，这个网站的真正价值也正在于此。

只有真正的价值，才能在网络营销的世界里实现订单的高转化率。想提高转化率，网站必须拥有一定数量的原创文章。所以，原创文章永远是很重要的。

2.9 如何区分SEO和SEM

很多人分不清SEO和SEM的区别，在此向大家解释一下。

SEO，英文全称是Search Engine Optimization，中文意思是“搜索引擎优化”。

SEM，英文全称是Search Engine Marketing，中文意思是“搜索引擎营销”。

SEO现在已经不仅仅是一种网站优化的技术了，而演化成一种网络营销方式，所以有“SEO营销”一说。例如，我是SEO培训师，严格来说应该是SEO营销培训师，就是教网商们如何把产品关键词在各大搜索引擎里免费获得好的排名，从而获得有效询盘和订单。

SEM，即搜索引擎营销，其实是包含了SEO的。也就是说，SEO是属于SEM的范畴的。但是，现在行内人士通常把SEO和SEM分开看待，SEM现在就等同于竞价排名。比如，百度的主要业务就是竞价排名，只要付费，就可以马上把关键词做到百度首页前几名。

总而言之，SEO是一种免费的网络营销方法，而SEM是一种付费的网络营销手段。

如果你是一名普通的销售员，或者是个人创业者，或者是没有多少成本预算的小微企业，那么SEO更加适合你，因为通过SEO的方法，把产品关键词做到各大搜索引擎的前几页，是不需要付费给任何人的。

SEM比较适合有较大成本预算的大中型企业。但是SEM的缺点是成本太高，尤其对于没有掌握SEM技巧的人来说，烧钱跟烧纸一样，很让人心疼。

SEO和SEM都是针对搜索引擎的一种精准的网络营销，即关键词营销。但是，目前的SEO和SEM都没有解决一个最重要的问题：成交率。

产品关键词排名靠前了，有人点击了，难道就万事大吉了？还差得远，必须要想方设法提高成交率。比如，100个点击里你可以得到几个成交的单子？通常来说，对于99%以上的菜鸟网商来说，成交率连千分之一都达不到。所以我们可以理解，为什么很多做百度竞价排名的，每天烧成千成万的广告费，但询盘的却少之又少。我们也可以理解，为什么有的人SEO做得很好，好几个关键词都排在百度首页，但是仍然没有几个人来询盘。

因为，你缺少对成交率的优化。所以，无论你是做SEO，还是做SEM，都要考虑做下一步更重要的事情：优化成交率。而本书的“SEO独孤九剑”培训课程将很好地解决成交率优化的问题。

2.10 如何区分“网站排名”和“关键词排名”

“网站排名”与“关键词排名”是两个完全不同的概念，但偏偏有很多人弄不清楚，经常把两者混为一谈。

在讲解如何区分这两个概念之前，先给大家讲个故事。

2007年，我刚刚接触SEO时做了一个网站，想请SEO公司帮我把关键词优化到百度第一页。

于是，我找到一家网络工作室，咨询做网站SEO的事。负责接待我的人声称他们做SEO很厉害。于是，我问道：“你们做了什么成功案例，能否给我看看。”那人就发了个网站的链接给我，我一看，原来是个行业门户网站：××旅游网。

在该网站首页的title上，只写了“××旅游网”几个字，并没有其他的相关关键词。

我问："这个网站的哪个关键词在百度的排名位于第一页？"

他说："就是'××旅游网'。"

我说："这'××旅游网'只是网站的名称，不属于关键词吧。"

他辩驳说："不是关键词是什么呢？"

我那时虽然刚刚接触SEO，但对什么是关键词还是很清楚的。

现在向大家讲解如何区分"网站排名"跟"关键词排名"这两个概念。

前面说的"××旅游网"其实是网站的名称，正如你的企业网站的名称叫"深圳市×××有限公司"。当你在百度里输入"深圳市×××有限公司"时，由于你的公司名称是独一无二的，因此你的企业网站肯定是排在第一个的。但你的企业网站名称排到百度第一个毫无意义，因为你的公司是中小企业，全中国没几个人知道你的企业网站名称，所以别人根本不大可能搜索你的企业网站名称。

举个例子，大家打开这个网站：www.hzhtys.com。可以看到，这个网站的名称是"海天印刷有限公司"。百度输入"海天印刷有限公司"，这个网站肯定是排在百度第一页第一个的。但是，这毫无意义，因为人们不知道这家公司。

这就是所谓的"网站排名"或"网站名称排名"。而前面那家网络工作室说他们把"××旅游网"做到百度第一页第一个，这个仅仅是网站排名，不是关键词排名。中国90%的企业网站都是属于"网站排名"，所以很难从百度里获得流量。

真正的SEO，应该是关键词排名。

比如你的企业是做印刷的，可以在你的网站上设置"彩页印刷”“礼品盒印刷”等类似的关键词。

举个例子，大家打开这个网站：www.guanghuashufa.com。这个网站的title顶部设置了好几个关键词：瓦当全年红纸、瓦当对联红纸、全年红春联纸、手写春联对联。百度搜索这些关键词，基本都排在百度第一页。这才叫“关键词排名”。

所以，当你找网络公司给你做网站的时候，如果你的网站首页title上，仅仅有一个公司名称，这是完全没用的，必须在title里设置关键词。

请谨记：SEO一定要做关键词排名，而不是网站排名（网站名称排名）。

2.11 “如果每个人都做SEO，那谁的网站关键词排前面？”是个伪命题

经常有网友在我的博客里留言问：“如果每个人都做SEO，那谁的网站关键词排在前面？”其实这种担忧完全没有必要，因为这个问题是个彻彻底底的伪命题，是不能成立的。

不同的行业、不同的产品有不同的关键词。

比如，张三是做雕刻机的，李四是做打印机的，王五是做蒸汽机的。这三种机械的关键词完全不同，所以它们之间没有任何竞争关系。张三的关键词“雕刻机”、李四的关键词“打印机”、王五的关键词“蒸汽机”都可以通过SEO排到百度第一页。

也就是说，根本不存在“如果每个人都做SEO，那谁的网站

关键词排在前面"的问题了，因为大家做的行业和产品是不同的，关键词也就不同。当然，你现在或许会更深入细化这个问题："那如果我们同行业的每个人都做SEO，那谁的网站关键词排在前面？"这个问题相比前面那个问题更好，但还是一个伪命题。

为什么呢？

第一，虽然SEO现在已经很热门，但并非达到了尽人皆知的地步。总体而言，在每个行业里，了解SEO的人非常少。所以，根本不可能出现同行业的每个人都做SEO这个问题。

第二，在每个行业里，了解SEO的企业也非常少，真正操作SEO的企业就更少了。因为很多企业听说过SEO，但并不会去做SEO。

第三，在每个行业里，操作SEO的人很少，而真正能把SEO做好的，可以说是少之又少。

综上所述，在任何一个行业里，真正掌握SEO并能够把SEO做好的人，从概率上来说少得可怜。

所以，听说过SEO，并不等于知道SEO；知道SEO，并不等于掌握了SEO；掌握了SEO，并不等于精通SEO。只有做到精通SEO，关键词排名才会有效果。而绝大多数人，可能连SEO听都没听说过。所以，根本不存在"如果每个人都做SEO"的问题。

当然，你现在或许会提出一个更深入的问题："因为百度第一页只有10个位置，如果我们同行业里有10家企业来做SEO，那谁的网站关键词会排在前面？"

这个问题比第二个问题更好。这个问题不再是伪命题。因为在一个行业里，有10家甚至更多的企业做SEO是很正常的。

那么，这个问题就涉及SEO的思维、策略和技巧了。

关键词的排名由很多的因素决定，比如，网站的历史长短、网站的权重、外链和内链的数量和质量、原创内容的质量、关键词的网页布局，等等。每个因素都会影响关键词的排名效果。所以，很多时候，细节决定排名。这就要看谁更加注重SEO的细节，谁更加有耐心，谁的执行力更强，谁的思维更加灵活。

在此着重强调：传统的SEO观点是把热门的主关键词优化到百度第一页。比如，赵老大、钱老二、孙老三、李老四都是做振动棒的，大家都是同行，大家都想把“振动棒”这个热门的主关键词优化到百度第一页。但是百度第一页只有10个位置，大家都争第一页的位置，肯定有的人争不到第一页。

那怎么办呢？其实很简单，可以运用发散性思维，多做次关键词。根据客户的搜索心理和搜索习惯来设置更多次关键词，使大量次关键词排到百度的前面，这样相对来说，竞争就不会太激烈。

我曾经有个很厉害的SEO学员设计了3万多个次关键词，其中几千个次关键词在百度有着很好的排名。这样，既避开了主关键词的激烈竞争，又收到了非常好的效果。

2.12 SEO正从搜索排名向搜索流量方向发展

或许很多人都不知道：SEO已经开始从搜索排名向搜索流量发展。先来看一张搜索流量数据图，如图3.1所示。

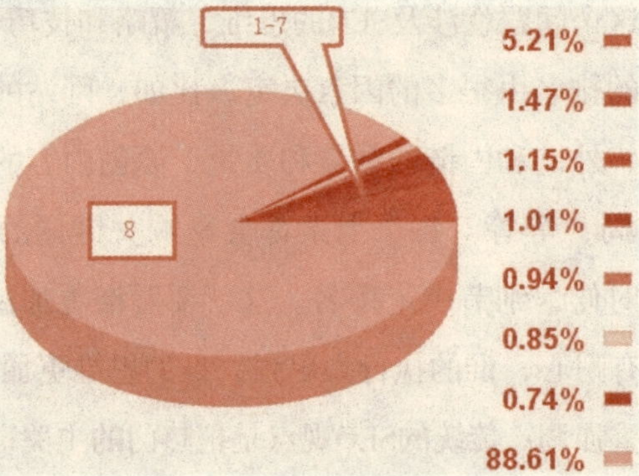

图3.1　搜索流量数据图

其中，1–7代表网站的主关键词带来的搜索流量，8代表网站的次关键词带来的搜索流量。

比如，你是做净化器的，在公司网站上设置了“净化器”以及其他几个与净化器相关的主关键词。假定网站上的“净化器”以及其他几个相关的主关键词被优化到百度第一页，达到排名的效果，值得肯定。再假定，你的网站每天从百度进来100个IP访客，如图3.1所示，你所设置的主关键词“净化器”带来了5.21个IP访客；其他几个相关的主关键词带来了1.47+1.15+1.01+0.94+0.85+0.74=6.18个IP访客。而你从来没有重视的次关键词却带来了高达88.61个IP访客。

以上数据并不是十分精确，但大体上是准确的。这些数据说明了什么呢？

这说明了你苦苦追求的主关键词的百度排名并没有给你的网站带来多少流量；给你的网站带来绝大部分流量的是那些你从未重视过的、忽略了的次关键词。

有人找到SEO公司，说：“我的公司是做不锈钢的，你把‘不锈钢’这个主关键词优化到百度第一页要多长时间，收费多少？”

几乎所有的人都特别注重主关键词在百度的排名，这固然没错。但是，他们却忽略了非常重要的一点：每个人的搜索心理和搜索习惯是不同的。比如你是做不锈钢的，固然有很多人会直接搜索“不锈钢”，但也有部分人搜索的不是“不锈钢”，而可能是你根本想象不到的次关键词，比如“不锈钢最近市场价格咋样了”。

类似于“不锈钢最近市场价格咋样了”这样的问句关键词，你想过在自己的网站上设置吗？很多人都没有。但是，偏偏是这样的次关键词占据网站整体流量的88.61%。

传统的SEO排名是指主关键词的排名。主关键词的排名固然要花精力和时间去做，不能放弃；但是，现在当你知道了网站的绝大部分流量是来自次关键词，那么，你是不是要更加重视次关键词在网站里的设置和布局呢？

所以，我的观点是：我们固然要重视主关键词的优化排名，但是更加要重视次关键词的设置和布局。大家都在争主关键词的优化排名，却很少有人重视次关键词的设置和布局，导致迟迟不见SEO的效果，以致让很多人都对SEO失去了信心。

其实，是你的SEO思维和SEO策略出了问题，而不是SEO本身出了问题。

曾有人放言叫嚣：真正的SEO高手就是把热门的主关键词做到百度第一页，没把热门的主关键词做到百度第一页，就别谈什么SEO高手！

这人的观点我无法苟同。希望大家清楚一点：作为网商，你的目的是什么？是流量，是询盘，是业绩，而不是追求某几个主关键词在百度第一页的排名。只要重视了次关键词在网站里的设置和布局，它们就会给网站带来意想不到的流量，你的大部分询盘和订单也将来自那里。

作为网商，当你重视SEO的时候，目标一定要很明确：网站流量多不多，询盘多不多，订单多不多。

曾经有人在阿里论坛扬言与我辩论某个热门关键词能否三个月做到百度第一页，我完全不予理会。因为当他每天在辛辛苦苦对那个热门关键词进行优化操作的时候，我已经通过次关键词的设置和布局轻松赚到了流量和金钱。

我想告诉大家的是：SEO已经开始从热门关键词的搜索排名向整个网站的搜索流量发展了。

2.13 如何避免你的独立网站被百度绑架

经常有人问我这样的问题："尹老师，我的网站被百度K掉了，关键词排名全部掉下去了，怎么办？"

网站被百度K掉，不外乎两个原因：一是百度算法进行了调整，二是你对网站上的关键词进行了过度修改。如果是百度算法调整导致的被K，静静地等待其实是最好的方法了，因为被K跟网站本身没有关系；如果是你对网站上的关键词进行了过度的修改，那么，这就是主观原因了，目前除了继续添加原创内容、增加有质量的外链之外，剩下的也只有静静等待了。

总之一句话：如果你的网站不幸被百度K掉了，那你基本上只有等待，主观上努力的效果微乎其微。

其实我们所有人的网站都被百度绑架了，释放或者撕票，都由百度说了算。这么说来，其实是比较恐怖的。

难道我们就真的拿百度一点办法都没有？答案当然是：肯定有办法，并且还很有效。

我们之所以害怕网站被K，无非是因为网站经过SEO之后，关键词在百度上获得了好的排名，而好的排名能带来精准的搜索流量和意向客户。

但是我们忽视了两个问题：做SEO，独立网站是唯一的平台吗？难道只有独立网站才能带来精准的搜索流量和意向客户吗？

当然不是！我们可以利用很多平台做SEO，同样可以带来可观的搜索流量和意向客户。

传统的SEO观念把人们的想法都集中在独立网站上，认为只有利用独立网站做SEO，关键词排名才能带来效果。这种认知大错特错！

经过多年的实战，我总结出9个可以做SEO的平台，分别是：阿里SEO、独立网站SEO、博客SEO、论坛SEO、B2BSEO、问答SEO、文库SEO、视频SEO、微博SEO，我称之为“SEO独孤九剑”，并为此建立了非常全面、完整的理论体系和操作体系，每个操作细节在本书中都有详细论述。

比如博客SEO，我们完全可以利用博客来做SEO，在博客上设置关键词并对之进行细节优化。当博客上的关键词在百度首页上出现，同样可以带来搜索流量和意向客户。

又比如论坛SEO，博客SEO还好理解，论坛也可以做SEO吗？当然可以！不过其中也有很多细节要处理。当论坛上的关键词在百度首页上出现，就可以带来搜索流量和意向客户。

我们做SEO其实完全可以在这9个平台上全面撒网。如此一来，就会有许多的关键词在百度上有好的排名了，而独立网站

SEO仅仅是其中的一个平台而已。即便不小心被百度K掉，还有其他8个平台。这8个平台带来的搜索流量和意向客户远远比一个独立网站带来的要多。

当你把眼界放宽，就会发现天地无限大，根本不用担心独立网站被百度绑架，因为还有其他8个平台可以利用。所以，如果你的网站被百度K掉了，只要把其他8个平台的SEO都做好，就不用有任何的焦躁和不安。记住一个简单的道理：不要把所有鸡蛋放在一个篮子里。

2.14 指望SEO网站快速出效果？千万别这样想

曾经有个客户找上我，请我给他们公司做一个营销型的企业网站。从聊天中得知，他的一个同事是我的SEO学员。那个学员参加完SEO培训后，找人做了一个独立网站，网站是按照我所讲解的营销思路去建设的。网站经过一段时间的优化，好几个关键词都排在百度第一页的位置，那个学员的业绩因此提升很快。

之所以找我做网站，客户老板的想法是：既然那个员工只参加了培训，还是叫别人做的网站，效果都那么好了；现在叫尹高洁亲自来做网站，那效果一定会更好！

对于标准的营销型网站，我一般报价是4800元。而据那个客户说，他们公司以前做过好几个网站，都只是几百元。但冲着我的知名度，4800元就4800元，只要效果好就行。

于是，客户打了款，由我的公司负责为他们做一个标准的营销型网站。

这里要说明的是，我的公司的网站业务分工是：由我亲自为客户设计网站的营销思路，然后助手根据我的营销思路撰写网站的文字方案，最后把方案交由技术人员严格执行。

对于营销型网站，我的思路是这样的：

（1）使用DIV+CSS架构网站，使页面呈静态化，有利于关键词在百度上排名靠前。

（2）为网站添加客户数据库功能，对网站访客进行截留储存，提高网站潜在客户数量。

（3）为客户把网站和博客、微博、微信打通，让网站更具社会媒体化和人性化，提高成交率。

网站很快就做好了。上线才两天，客户就来问我："为什么网站上的关键词还没有排在百度的前几页？"

在此给大家普及一下独立网站SEO的基本常识——一个新的独立网站上线后，需要过几天才会被百度收录。这里的"收录"还仅仅是指收录网站的首页，至于内页，那还需要经过更长一段时间才能被收录。当百度收录网站首页后，通常在百度首页可以搜索到公司的名称，因为公司的名称是独一无二的。但是，你要想让网站上的关键词在网站上线后就能马上排在百度首页，那基本上是痴人说梦。当然，也有这种可能，那就是相当冷僻的长尾关键词。而如果是比较热门的长尾关键词或者是核心关键词，那就需要比较长的一段时间才可能在百度上排名靠前。

更加重要的是，网站上的关键词要在百度上排名靠前，需要经过内部和外部的双重优化。内部的优化，对于网站制作人员来说，会从程序技术、关键词布局等方面解决SEO问题，而原创内容的更新以及内部文字链接则需要客户自己以后去操作。而外部的优化，自然就是外链的添加，这也需要客户自己去操作。而我给客户的承诺是：当我的公司给你做完网站后，我会教给你一些内部、外部优化的方法，你需要按照这些方法去操作，网站上设定的关键词才有可能在百度上排名靠前。至于这些关键词什么时候能在百度上排名靠前，我无法保证。

我从事SEO工作多年，从来不敢向任何客户大胆承诺：某个关键词在某段时间后，一定可以在百度首页上获得排名。敢这样承诺的SEO人员，不是疯了就是瞎忽悠。凡是懂SEO的资深人士，一定赞同我的话。

但是这个客户不懂，尤其是他的老板不懂。网站上线几天之后，老板还没看到关键词在百度上有排名，甚为震怒。

我理解客户的心态，他们要的就是快速出效果，越快越好。但是我要告诉所有的人：SEO是一个慢工出细活的事，尤其是独立网站SEO，见效是比较慢的。独立网站SEO，在技术人员帮你解决所有程序技术、关键词布局以及相关问题之后，需要你自己以后经常更新原创内容、添加内外链。要谨记SEO行业的一句话：内容为王，外链为皇。这句话表达的意思是：SEO需要不断地更新原创内容和添加高质量的外链，才能提高网站的权重，才能提高网站上的关键词在百度上的排名。

那个老板又问："为什么以前那个员工的网站上的关键词排名那么好？"

我说："那你知道我的那个学员给那个网站做了什么优化的功课吗？他不可能什么都没做，网站上的好几个关键词就自动排名靠前了。还有，你知道他为了让他的网站上的几个关键词排名靠前，花了多少时间吗？"

在此，我想告诉所有想做独立网站SEO的人：千万不要认为把网站交给一家网络公司做完上线后，网站上的关键词就会马上在百度上获得好的排名。

如果你想让网站一上线马上就获得好的排名，建议你去做百度竞价排名，那排名上升的速度比火箭还快，只要有大量资金投入。

如果你只想当甩手掌柜，什么事也不管，希望网站上线后，关键词能长期稳定地在百度上获得好的排名，建议找一家SEO托管公司，他们会帮你长期维护你的网站SEO，但是收费很高，市场收费价格一般是每年1.5万～5万元。

我以一名SEO行业资深人士的身份告诫大家：不要把公司所有的网络营销的希望都寄托在一个网站SEO快速出效果上，这几乎是不现实的事情。

我总结出来的“SEO独孤九剑”包含了阿里SEO+独立网站SEO+博客SEO+论坛SEO+B2BSEO+问答SEO+文库SEO+视频SEO+微博SEO这9个平台的SEO。独立网站SEO仅仅是其中的一个平台而已，而恰恰独立网站SEO出效果是最慢的。要快速见到效果（我所指的快速，最少也是一个月之后），需要综合运用其他平台的SEO，而这些平台的SEO恰好又是免费的。

当然，独立网站SEO也要做，做好了客户就能直接进入独立网站，不需要像其他平台的SEO那样，绕圈子才能进入你的独立网站。但是请树立正确的意识和良好的心态：独立网站SEO只能是慢工出细活，不大可能立马就见效。如果真有网站上线后立马就有关键词在百度排名靠前了，只有两种可能：一是设定的关键词比较冷僻；二是纯属巧合。

在此郑重说明：找任何一家网络公司给你做营销型网站，如果指望网站一上线就马上见到关键词在百度首页上获得排名，建议别找我，你也不需要去找其他网络公司，因为没有任何一家网络公司敢接此单。

最后送给所有的企业老板和普通网商一句话：无论是做独立网站SEO，还是做更宽泛的网络营销，切忌心态浮躁，欲速则不达，一定要扎扎实实沉下心来做。

| 2.15 | 中小企业总经理该不该亲自学习SEO

在当前国内大多数中小企业开始重视网络营销的大背景下，SEO毫无疑问已经成为最受中小企业欢迎的网络营销手段。

什么是SEO？SEO即搜索引擎优化，就是把网站上的关键词优化到百度、谷歌等搜索引擎的前几页。对中小企业来说，自家网站上的关键词在搜索引擎上排名靠前，意味着可以带来更多的意向流量和意向询盘，进而带来更多的实际订单。

所以，SEO是当前许多中小企业最为重视的网络营销手段。许多中小企业都把SEO提升到公司战略高度上来执行，聘请SEO专家给企业的网销人员进行专业的培训，或者招聘专业的SEO人员成立专门的SEO部门。SEO在中小企业网络营销中的重要战略地位可见一斑。

中小企业总经理（一般都是企业老板）中学习SEO的人相对比较少。因为中小企业总经理更多是在思考公司战略层面的问题，具体的操作事宜都会交给员工处理。

但是为什么我仍然主张中小企业总经理学习SEO呢？

（1）因为SEO是网络营销里最热门、最重要的方法，中小企业总经理通过系统地学习，可以从战略的高度了解SEO，从而坚定企业走网络营销道路的决心。

（2）中小企业总经理学习SEO后，可以对整体的网络营销环境做到宏观策略上的把握和微观执行上的控制，牢牢掌好企业网络营销前进的舵。

（3）中小企业总经理掌握SEO后，可以更加胸有成竹地自行组建、管理网络营销团队，并对网络营销团队进行系统的SEO培训，有助于提高企业网络营销的效率。

（4）中小企业总经理有了SEO实战专家的身份，可以经常在参加线下企业家聚会时分享自己企业网络营销的经验，塑造成功企业家的个人品牌。

（5）当小微企业处于创业起步阶段时，很多具体的网络营销操作事宜都需要企业总经理亲自上阵，学习SEO就成了迫在眉睫的任务。

2.16 “SEO独孤九剑”为什么适合中小企业总经理学习

前面提到过，我所创立的“SEO独孤九剑”包括阿里SEO、独立网站SEO、博客SEO、论坛SEO、B2BSEO、问答SEO、文库SEO、视频SEO、微博SEO。这是一套完整的思维体系、理论体系、操作体系和培训体系。

学习SEO的人群主要包括三大类：普通销售员、个人创业者、中小企业老板。

在我还没有创立“SEO独孤九剑”的时候，我主要是讲解阿里SEO、博客SEO、淘宝SEO、B2BSEO。这四个知识点由于内容较少，个人操作不用花多少时间，非常适合普通销售员和个人创业者学习。

但是，当我创立“SEO独孤九剑”的体系之后，想学习SEO的人就有了更多的选择。普通销售员和个人创业者如果想学习SEO的话，我通常会提出这样的建议：你可以全盘学习一遍，但绝不主张你每个平台都去操作，因为你不可能有那么多时间和精力，你只需要集中精力操作其中几个平台即可。

而对于中小企业总经理（或销售主管）来说，“SEO独孤九剑”更适合他们学习。因为他们是企业总经理，手底下有网络营销人员和推广人员。企业总经理学习完这套体系之后，他自己根本不用亲自去操作，他可以安排手下的网络营销人员和推广人员在9个平台同时操作。这样做取得的效果将是惊人的，因为以一个团队的力量来操作，可以为企业带来规模化的搜索流量。“SEO独孤九剑”的效果已经被中小企业总经理取得的显著成绩所证明。

当然，有的小微企业刚刚创立，还没有实力组建网络营销团队，公司的总经理需要亲自上阵操作SEO。由于个人的时间和精力有限，只需要先选择其中几个平台进行操作。等公司发展到一定阶段，开始组建团队，再把学到的“SEO独孤九剑”教给你的团队成员，并科学合理地分配他们各自负责操作的平台。

总之，学到的东西永远是自己的，早学的话，对未来节省企业的时间成本、人力成本、资金成本、运营成本，并且快速提高企业发展的速度和效率，都有极大的帮助。

2.17 大家都去玩微信营销了，SEO营销更有效果了

有人曾提出这样的问题："现在商家都去玩微信营销了，SEO营销还有人做吗？"

我说："太好了，如果绝大多数商家都去玩微信营销了，那玩SEO营销的商家就少了，SEO营销就更有效果了。"

自从20世纪90年代末期，人们开始在网上做产品推广以来，诞生了许多的网络营销手段：E-mail营销、SEO营销、QQ营销、B2B营销、博客营销、SNS营销、微博营销、微信营销，等等。网络概念更新换代，营销手段也日新月异。对此，人们往往会陷入一种误区，认为新的网络营销手段代表的是一种新潮流、新趋势，必然代替那些老的营销手段。

可是我认为，新的网络营销手段固然很好，可是绝对无法替代老的网络营销手段，它们各自拥有各自的作用。

百度目前仍然是中国最大的搜索引擎，每天有亿万人次通过百度搜索产品关键词。谁的产品关键词能排在百度前页，谁就能得到更多的询盘和订单。

从百度过来的客户都是最精准的意向客户，只要能把握住这些客户，促成他们下单，那对一个企业来说，是一件了不得的事情。当前，许多的中小企业，几乎90%以上的订单来自于百度。

微信对于中小企业来说，起到一个什么作用呢？沉淀和转化的作用！就是通过微信朋友圈内容的展示，把意向客户转化成实际下订单的客户。

很多做微信营销的人到处加粉丝，后来发现95%以上的粉丝都不是意向客户，于是觉得微信营销也没有传说中的那么神奇，效果也不是很好。

一个微信号只能加5000个粉丝。如果95%以上的粉丝都是非意向客户，那么微信营销就不会有什么好的效果；但是如果95%以上的粉丝都是意向客户，那么，微信营销的效果绝对非常棒。而SEO给你带来的就是意向客户。微信营销做不做得好，取决于意向客户的数量多不多。你同意吗？所以，微信营销应该和SEO营销结合起来，才能取得一个最佳效果。

基本的营销思路是这样的：先在网络平台上设置大量的产品关键词，把这些产品关键词优化到百度的前页，然后在详情页面留下微信号，通过搜索关键词过来的意向客户会加微信，他们先阅读微信朋友圈里的优质内容，在对你产生喜欢、敬佩、感动和信任的情况下，最后下单付款。

单独的SEO营销时代已经过去了，同样，单独的微信营销时代也已经过去了。现在是营销+的时代。比如SEO营销+QQ营销、SEO营销+博客营销、SEO营销+微博营销、SEO营销+微信营销，等等。

经过多年的SEO实战，我发现几乎在所有的营销+中，SEO营销都处于一个绝对核心的地位。

我坚信：玩SEO营销的人会比玩微信营销的人接到更多的订单，赚到更多的钱。

2.18 学SEO，你的执行力到位了吗

“学习是基础，执行是关键”是SEO的基本理念。

“内容为王，外链为皇”，虽然这个概念被SEO专业人士奉为圭臬，但其实这些都是细枝末节。SEO学习者真正应该奉为圭臬的，只有5个字：狠狠地执行。

执行的前提是系统的学习。在学习的时候，一定要不断打开思维，领悟其中的真谛。思维打开之后，就按照要求狠狠地执行。

很多人都具有较强的学习能力，但具有良好执行力的人比较少。

在这里，我想表扬一下我的那些SEO学员，正是在系统学习SEO之后狠狠地执行，才使他们在较短的时间里取得了显著的效果，业绩大幅度增长，从而比以前赚到了更多钱，有的借此升职当经理（总监），有的去创业当老板。这些成功的案例举不胜举。

我经过长期的实战操作总结出来的“SEO独孤九剑”包含了很多我引以为傲的思维理念和很多绝不外泄的细节。但是，我要求使用这种方法的学员一定要有良好的执行力。只有狠狠地执行，只有执行到位了，才能达到想象不到的惊人的营销效果，从而获得巨大的成就感。

第3章

SEO营销实战

如果我们有自己的网站或博客，如何能第一时间在百度搜索的回复中看到自己，这是非常关键的，如何能有，如何能排在前面，这是本章的关键。

本章内容主要包括：

- 如何更快更好地被百度收录
- 优化网页的流程
- SEO和UEO
- 打造极致单品的思维

3.1 新网站如何更快地被百度收录

在SEO这个领域有一个常识：当一个新网站建成以后，需要提交给百度，这样有利于百度收录这个网站。

不过一些圈外人却对此产生了误解，以为新网站必须提交给百度，百度才会收录这个新网站。

其实不然。一个新网站，即使不提交给百度，百度也同样会收录。目前并没有足够的证据表明，将一个新网站提交给百度比不提交给百度能更快地被百度收录。

所以，只要把新网站提交给百度，就能更快地被收录，这是一种误解。百度收录新网站的标准，是网站的质量内容。也就是说，新网站的质量内容越高，就越容易、越快被收录。

通常来说，只要新网站基本搭建好了，内容填充完整了，就会很快被百度收录。

如果一个新网站迟迟没有被百度收录，有四种解决途径：第一，提高网站的质量内容，写一些原创的文章；第二，把网站提交给百度；第三，与已经被百度收录的网站做友情链接；第四，在论坛里发帖子，帖子里留下网站的网址。

新网站被百度收录只是第一步；第二步则是如何使网站上的关键词在百度上获得好的排名，这才是最关键的。因为只有网站上的关键词在百度上获得好的排名，这个网站才具备了营销价值，才会有意向客户通过百度找到你的产品。这些涉及SEO的各种策略和细节问题，以后将会详细探讨。

有一种说法：新网站提交给百度，可以增加网站的反向链接。因为反向链接是SEO非常重要的因素之一，网站上的关键词若想在百度上获得好的排名，做高质量的反向链接是必须完成的工作。所以，如果你建成了一个新网站，不妨把网站的网址提交上去。百度提交入口：http://www.baidu.com/search/url_submit.htm。（百度搜索“百度网站登录”，即可找到这个提交入口的网址。）

3.2 百度如何快速收录内页

网站是由首页和内页组成的。通常来说，百度比较容易收录网站的首页，但是对于内页，收录起来会相对慢很多。有的企业的网站已经建立大半年了，首页早就被收录了，但内页却迟迟无法被收录。

通常，绝大多数的中小企业网站只在首页设置几个关键词。诚然，首页的权重是最高的，所以首页标题（title）上的关键词更容易在百度上排名靠前。而内页的权重通常都很低，但是我们可以通过一些方法提高内页的权重，从而使内页标题（title）上的关键词也被百度收录，继而获得好的排名。

让百度收录网站内页的办法，总结起来有四个：第一，在网站上增加新闻频道，经常发布原创文章；第二，把内页与首页进行链接；第三，在与其他网站做友情链接的时候，让对方的网站链接到内页；第四，在论坛里发帖子的时候，在帖子里留下内页网址的链接。

如此做一段时间，内页标题（title）上的关键词在百度上就会有好的表现。

| 3.3 | 切忌把网站首页做成整幅的flash

很多小微企业喜欢把网站做得华丽大气，比如把网站的首页做成一幅炫丽的flash（动画）。如果从展示公司形象的角度上来看，这样的网站首页无可厚非，值得肯定。但是，网站的最大功能不是华丽好看，而是营销。

营销型网站，最大的意义在于：要在网站上设置产品关键词，然后对关键词进行SEO，使得关键词在百度等搜索引擎上获得好的排名。只要网站上的关键词在百度等搜索引擎上获得了好的排名，每天就会有定向流量进入网站，从而带来有效的客户询盘和订单。

通常来说，如果网站首页是一整幅的flash，那么网站打开的速度就会相对比较缓慢。而百度的搜索程序通常会降低打开速度较慢的网站的权重，从而使得网站上的关键词不容易在百度上排名靠前。

所以，SEO的重要细节之一，就是**切忌把网站首页做成整幅的flash**。

| 3.4 | 让客户进入网店的新流程

百度是中国流量最大的搜索引擎，每天都有无数的客户通过百度搜索进行购物。所以，如果能把流量从百度引导到淘宝店铺来的话，很多店铺的生意无疑会好很多。但问题是，自从淘宝屏蔽百度的搜索蜘蛛之后，客户就很难从百度通过搜索直接进入淘宝店铺了。于是很多淘宝店主放弃了百度，其实这是不可取的。因为淘宝屏蔽的只是百度的搜索蜘蛛，并没有屏蔽其他的网站。比如，你在新浪博客上做了一个关键词，并通过SEO的方式对这个关键词进行了优化处理，然后在新浪博客里放上你的淘宝店铺的链接地址；过了一段时间后，当这个关键词在百度上排名靠前时，客户从百度上搜索到了这个关键词，于是进入了你的新浪博客，然后顺着你在新浪博客上留下的链接，自然就进入了你的淘宝店铺。

如果你把很多关键词都做到在百度上排名靠前，自然就有更多客户从百度顺着链接进入你的淘宝店铺。

以前的流程是：百度——淘宝店铺；

现在的流程是：百度——博客——淘宝店铺（说明：无论是新浪、搜狐、网易博客都可以）。

这就是我们所说的“曲线救国”，即在中间增加一个环节，最终实现了“**把客户从百度引导到淘宝店铺来**”的目的。

其中最关键的还是：你必须对你的博客进行SEO，这样才能使得大量关键词在百度上排名靠前。

很多淘宝大卖家可能不屑于做这个工作，他们可以在百度上投放大量广告，但是对于众多淘宝小卖家来说，没有很多钱投放广告，就只有多花点时间，使用SEO这种免费的营销推广方式。

由于百度与阿里巴巴之间复杂的关系，阿里旺铺上的关键词也比较难在百度上获得好的排名，所以，我们同样可以利用博客这个中间平台，把百度上的客户引导到你的阿里旺铺上来。

以前的流程是：百度——阿里旺铺；

现在的流程是：百度——博客——阿里旺铺。

| 3.5 | 网站首页标题设置3个关键词

在企业网站首页上设置关键词的目的是什么？是希望关键词能在百度等搜索引擎上排名靠前。

但是很多企业网站在首页标题的设置上通常会犯两个错误：一是不设置任何关键词，只有一个公司名称；二是堆砌6～10个甚至更多的关键词。

打开网站：http://www.hzhtys.com/，在它的首页标题上只有一个公司的名称：海天印刷有限公司。客户只有在百度上搜索公司名称才能进入该网站。这可以说是最老土、最陈旧的网站了，但是这样的企业网站在中国比比皆是。

再打开网站：http://www.matong13.com/，在它的首页标题上，堆砌了7个关键词：厦门马桶维修、TOTO马桶维修、科勒马桶维修、抽水马桶漏水维修、马桶配件、水箱配件批发、老式马桶节水改造专家——企图通过堆砌很多的关键词，增加在百度上排名靠前的机会。但这个标题恰恰起到了反作用：百度是禁止在网站首页堆砌关键词的，凡堆砌关键词的网站，百度通常都会打击。

根据我的经验，网站首页上设置3个核心关键词是最好的。如果“贪心”一点，那么设置5个关键词也是被许可的，但是绝对不要超过5个关键词。一旦超过5个关键词，就会被百度认定为“堆砌”，堆砌关键词就是作弊，而作弊通常都会被百度惩罚。

为什么网站首页标题上只能设置3~5个关键词呢？

原因很简单。关键词数量少，百度会给予这些关键词更集中的权重；关键词数量多，百度给予的权重就会被分散，导致没有一个关键词能在百度上有好的排名。

打个比方，我煮了一锅饭，分配给3个兄弟，那么每个兄弟都能吃饱；同样的一锅饭，如果分配给10个兄弟，那么大家都会挨饿。所以，在给客户制作网站的时候，我一般只设置3~5个关键词。比如我给客户制作的这个网站，你打开看一下：http://www.guanghuashufa.com/。所设置的5个关键词是：书法作品、瓦当全年红纸、瓦当对联红纸、全年红春联纸、手写春联对联。其中除了“书法作品”外，其他几个关键词基本都排在百度的第一页。

当然，关键词要排名靠前，仅仅做好设置是远远不够的，还需要做很多优化的工作。

3.6 淘宝SEO：切忌在关键词里夹杂特殊符号

我喜欢在淘宝上购物。因为自己是SEO从业者，所以我对于淘宝店铺的SEO也颇有研究心得。每每在淘宝上购物时，看到一些淘宝店铺上不符合SEO的地方，我就禁不住叹息。很多淘宝小卖家整天都没有生意是有原因的。

众所周知，由于淘宝屏蔽了百度，在百度上是很难直接通过搜索关键词进入淘宝店铺的，所以淘宝店铺上大部分流量都来自淘宝自己的搜索引擎。对于淘宝小卖家来说，因为没有多少资金投放直通车广告，所以，必须掌握淘宝SEO技巧，才能够让自己店铺的关键词尽量在淘宝搜索引擎里往前靠。只有关键词靠前，才会有更多的流量和询盘。

在此披露一个淘宝SEO的小细节，这个小细节的处理能够让你的店铺的关键词排名靠前。

很多的淘宝店铺在关键词的描述中都布满了“★”“◢┤ ├◣”“〓”等粗体的特殊符号。比如，有个店铺的关键词描述是这样的：★蒙娜丽莎◢┤正品韩版女装├◣新款上市〓假一罚十。这样做的理由似乎很充分：能够让顾客看起来很有视觉冲击力。没错，的确是这样。

很多小卖家不知就里，看到别人的店铺里充满了这些特殊符号，于是也跟着这样做。然而从搜索引擎的角度来看，我对这种做法表示反对。

在SEO里，关键词是由搜索蜘蛛抓取的。你现在可以想象一下真实的蜘蛛的爬行习惯。一般情况下，蜘蛛在它自己吐出来的网上爬行的时候是很顺畅的，如果碰到障碍，蜘蛛会绕道而行。

搜索蜘蛛同样遵循了蜘蛛的这个爬行原理：当搜索蜘蛛碰到一些乱七八糟的特殊符号的时候，就会减少抓取的机会。而像“★”“◢┤ ├◣”“〓”等这些粗体的特殊符号严重阻碍了“搜索蜘蛛”的抓取。所以这种关键词比较难出现在淘宝搜索引擎的前面。

修改的办法很简单，你只需要用细体的符号代替即可，比如“/”“|”“+”，或者直接用空格。这样，搜索蜘蛛抓取关键词的时候才会更容易，关键词的排名才会更靠前。

这是淘宝SEO里面的一个很小的细节，但是被很多人忽略了。所以，如果你的淘宝店铺里也充满了类似的乱七八糟的特殊符号，请立即改正过来。

当然，淘宝关键词排名是由很多方面的因素决定的，在此就不一一展开叙述了。

3.7 阿里SEO：影响阿里旺铺关键词排名的5大交易因素

凡是在阿里巴巴上开通了旺铺的商家都希望自己的关键词能够出现在阿里巴巴内部搜索引擎的第一页。关键词排名越靠前，曝光率就越高，被客户找到的机会也就越大。对于阿里旺铺关键词的排名优化手段，我称之为“阿里SEO”。阿里SEO包含了十几项内容，而在线交易是阿里SEO中非常重要的内容。

在线交易是指在阿里巴巴中国站通过支付宝交易，不包括网上银行交易和现金交易。在线交易对阿里旺铺关键词在搜索引擎中的排名影响巨大。这里分享一下在线交易中影响关键词排名的5个因素。希望大家对照这5个因素，对自己的旺铺进行完善。

首先来看一个截图，如图2.1所示，看“累计出售”这个条目。凡是开通了在线交易的旺铺，并有在线成交的记录，都有“累计出售”这个条目。

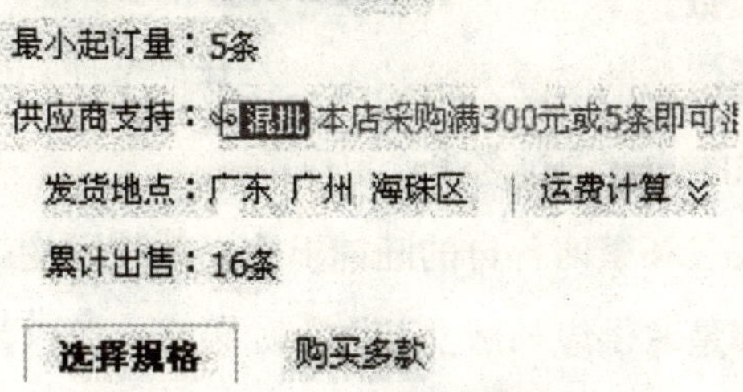

图 2.1　在线交易数据

在线交易包含了5个因素。

1. 交易笔数。

一条产品信息的交易笔数越多，在其他条件相同的情况下，这条产品信息的关键词排名就会越靠前。

比如，张三和李四的旺铺都是做韩版女装的，在张三和李四的旺铺上，都有一条同样的产品信息，这条产品信息的标题是“供应韩版女装”。如果张三的产品信息显示交易了15笔，而李四的产品信息显示交易了10笔，那么，在其他条件相同的情况下，张三旺铺上的那条信息关键词的排名会比李四旺铺上的那条信息关键词的排名更加靠前。

交易笔数对关键词排名的影响规则告诉大家：要重视旺铺上重要关键词信息的推广，千方百计地引导客户在自己的重要关键词信息里下单。

比如，“韩版女装”是一个非常重要的、热门的关键词，若想使得这个关键词在搜索引擎里排名靠前，最好引导线下的老客户到那条关键词信息里下单，交易笔数越多，旺铺上的“韩版女装”排名就会越靠前。

这对于拥有大量老客户的商家非常有利。当然，新商家也不必焦虑，因为任何在线交易都是一个积累的过程。你以后要有意识地引导客户到重点关键词信息里下单成交。

2. 交易人数。

一条产品信息的交易人数越多，在其他条件相同的情况下，该条产品信息的关键词排名也会更靠前。

比如，张三和李四各自的旺铺上有一款相同的韩版女装，标题也相同，都是“供应韩版女装”。如果张三的这款产品有20个人交易了，而李四的这款产品有30个人交易，那么，在其他条件相同的情况下，必定是李四旺铺上的关键词排名更靠前。

交易人数对关键词排名的影响规则告诉大家：要引导尽可能多的新老客户在重要关键词信息里下单。

3. 回头客数。

无论做什么生意，回头客都是利润的重要来源。根据数据统计，一个商家90%以上的利润都来自回头客。

在阿里旺铺里，回头客数越高，越说明产品的质量、公司服务和信誉好，在其他条件相同的情况下，这条产品信息的关键词排名也会更靠前。

比如，张三旺铺上的某款产品，同一个客户购买了3次；而李四旺铺上的某款同样的产品，同一个客户只购买了2次，那么，在其他条件相同的情况下，自然是张三旺铺上的关键词排名更靠前。

回头客数对关键词排名的影响规则告诉大家：要做好产品的质量，并且对客户进行很好的维护，这样客户才会反复在线购买你的产品，这必然会不断提高你的关键词排名。

4. 交易转化率。

交易转化率是指多个客户看了你的某条产品信息后，其中有多少个客户进行了在线购买的比例。在其他条件相同的情况下，转化率越高，排名越靠前。

比如，张三的这条产品信息“供应韩版女装”，今天有100个人点击访问，其中有10个人在线购买，转化率是为10%；而李四的同样一条信息“供应韩版女装”，今天只有50个人点击访问，其中也有10个人在线购买，则转化率是为20%。那么，在其他条件相同的情况下，自然是李四的关键词信息排名更加靠前。

交易转化率对关键词排名的影响规则告诉大家：要从搜索引

擎和客户视觉、客户心理等各个角度，对标题进行仔细的打磨、优化，吸引客户的点击；要上传更清晰、更能体现产品细节和特点、更具有视觉冲击力的图片；要对产品的内容进行专业的、人性化的细致描述……总而言之，要尽可能留住每个来访的客户，最大程度促成在线成交。

5. 好评率。

好评率是指产品信息从有在线交易至今积累的历史买家评价，因一到五星评价比例不同，而有不同程度的好评率。

比如，张三的旺铺开通了3年，某款产品的好评率是98%；李四的旺铺开通了4年，某款产品的好评率是96%。在其他条件相同的情况下，张三的这款产品关键词信息的排名会更加靠前。

好评率对关键词排名的影响规则告诉大家：必须不断提高产品质量、售后服务水平，从而提高好评率。

综上所述，在线交易中，影响关键词排名有5个因素：交易笔数、交易人数、回头客数、转化率、好评率。针对每个因素，大家都要认真地、细致地做好。

考虑到一些客户不习惯使用在线交易，要尽量说服客户并耐心指导客户使用在线交易。每次在线交易对关键词排名都是一次良性促进。并且，一定要做好产品质量和售后服务，减少客户投诉和退货的次数。

如果这5个因素你现在还做得比较差，不要急，慢慢来，通过日积月累，以后的生意就会越来越好。影响阿里巴巴关键词排名的因素除了在线交易以外还有很多其他的因素。大家需要系统地掌握“阿里SEO”，了解每个因素和细节，才能接到更多的订单。

3.8 SEO和UEO的结合，才能拿到更多订单

现在很多人对SEO已经不陌生，都知道这是目前最先进的网络营销方法之一。在此我还要给大家介绍另外一个概念：UEO。只有把SEO与UEO相结合，才能带来更多流量、询盘，进而拿到更多订单。

那么，什么是UEO呢？UEO是英文User Experience Optimization的缩写，中文意思是“用户体验优化”。也就是把你的网站（或网店、旺铺、博客），针对于用户的体验，对功能、操作、视觉、内容等要素进行优化，从而获得用户的青睐，提高流量的转化率。

比如，我自己的公司花旗卓越的官方网站http://www.huaqizhuoyue.com/，当你第一次进入这个网站的时候，会被网站的文字+图片大气的设计风格所吸引。这个网站的整体设计是一封销售信，可以让人连续地看下去。当用户看完之后，会对这个公司产生极大的信任感。而信任感正是提高成交率的最大武器。

我在这里想告诉大家一个概念：OR（Out Rate），也就是“跳出率”，是指那些访问该网站（或网店、旺铺、博客），只浏览了一个页面就离开的用户所占的比例。跳出率越高，说明网站（或网店、旺铺、博客）越没有吸引力；反之，跳出率越低，说明网站（或网店、旺铺、博客）越有吸引力。吸引力越高，成交率就会越高。所以，必须对网站（或网店、旺铺、博客）上可能影响到用户浏览的每个细节都进行精心的设计优化，降低跳出

率。也就是说，要牢牢地把用户黏在你的网站（或网店、旺铺、博客）上，让用户舍不得离开，让他今天一次性浏览许多页面，让他今天浏览了，以后也经常来访问你的网站（或网店、旺铺、博客）。

如果大家仔细阅读花旗卓越的官方网站，你会发现，网站上的很多细节都是从用户体验角度来设计优化的。这些细节往往会使用户在我的网站上停留比较长的时间，这样，跳出率就会很低，成交率自然就增长了。

所以，在学习SEO的同时，要学好UEO。否则，成交率会很难提高。

3.9 用“打造极致单品”的思维，把SEO做到极致

什么是极致单品？它是指那种经过反复打磨，具有独特、超值、艺术、经典的个性化单个产品。

一款真正的极致单品，在良好的推广系统的推动下，不但能在短期内创造出超出预期的销量，而且能产生持久不断的后续销量。

对于创业者来说，专注，聚焦，把所有的精力集中在打造一款单品上，并把单品做到极致，往往能取得不错的成绩。

自媒体大咖无忌哥（张英）归纳了极致单品的10大标准：**品质好、竞争少、个性强、稀缺性、利润高、持续性、成交快、区域广、轻物流、适销性。**

我从2008年8月开始从事SEO项目的创业，SEO培训一直是我的主打单品。这8年来，无数从事SEO培训的人和机构都纷纷倒闭或转行，可是我却越活越滋润。我用了8年的时间不断打磨我的SEO培训课程，最终创造出“SEO独孤九剑”这样一套全面、大众化的SEO培训课程体系。

“SEO独孤九剑”包括：阿里SEO+独立网站SEO+博客SEO+论坛SEO+B2BSEO+问答SEO+文库SEO+视频SEO+微博SEO。

我们从无忌哥极致单品的十大标准一一来分析“SEO独孤九剑”为什么可以成为中国SEO培训市场上的“极致单品”。

（1）品质好：“SEO独孤九剑”摒弃了传统的以技术为主的内容，采用以营销实战为主的内容，承诺只要会打字，就能学会并做好SEO，实现了让大量关键词占领百度前三页甚至前十页的效果（而不是仅仅把某几个关键词做到百度首页）。

（2）竞争少：SEO培训行业其实是一个竞争很激烈的红海市场，但是，我从2008年8月切入阿里巴巴这个网商聚集地，以阿里网商为特定的客户群体，创造了“网商SEO”这个新的垂直行业，在这个垂直行业中竞争相当少，而我用了8年的时间，稳稳做到了中国网商SEO行业的第一名。

（3）个性强：我创造的“SEO独孤九剑”没有任何高深莫测的内容，非常大众化，并且由于我把自己的创业故事融入了“SEO独孤九剑”中，从而让它具备了强大的人格魅力和情感力量。

（4）稀缺性：由我独创的“SEO独孤九剑”是目前国内所能了解的比较全面的SEO培训课程，非但具有稀缺性，还具有不可替代性。普通网商朋友如果想全面学习“SEO独孤九剑”，除我之外，别无他选。

（5）利润高：SEO在线培训本身就属于零成本的互联网服务项目，2008年8月刚开始的时候收费为1200元，后来涨到3800元，2016年更是涨到了15000元。相信以后的收费会越来越高，而且都是净利润。

（6）持续性：我从2008年8月开始做SEO培训，2012年10月面世的“SEO独孤九剑”多年来一直是我最大的现金流来源。估计下一个8年，它仍会为我创造源源不断的现金流。

（7）成交快：我通常都是一个月举办一期SEO培训，每期培训招生少则几人，多则上百人。学员都是主动找我报名的，所以成交一般都很快，有时一天就有二十多人付费报名。

（8）区域广：SEO在线培训是不受地域限制的，全国所有的省区都有我的学员，甚至美国、澳大利亚、新加坡等国家也有我的学员。

（9）轻物流：SEO在线培训根本无需物流，学员直接打款进来，然后进入指定的群里上课。

（10）适销性：“SEO独孤九剑”在阿里巴巴上极受欢迎，因为它满足了阿里巴巴上千千万万不懂任何网络技术的普通网商的需求，因此招生情况向来非常良好。

所以，“SEO独孤九剑”极为符合无忌哥提出的极致单品的十大标准。

我坚持一个最简单的理念：做任何产品（或服务），都要聚焦，聚焦，再聚焦，把单个产品（或服务）像制作一件精美的艺术品一样，精雕细琢，做到臻于完美的境地。如此才能打造“伟大”的产品，再通过一套良好的推广系统，必能创造出让人惊叹的销售业绩。

第4章

SEO+社会化媒体营销

社会化营销（Social Media Marketing，SMM）是一种运用商业营销手段达到社会公益目的或者运用社会公益价值推广商业服务的解决方案。社会化营销在推广这个意义上和其他商业营销是一样的，都是追求对消费者行为的成功影响和改变。社会化媒体营销，主要说的是当下流行的新媒体，如微博、微信。

本章内容主要包括：

- 如何写博客
- 认识当下的所有新媒体
- 如何利用SEO提高转化率

| 4.1 | 年薪100万元，谁愿意聘我当营销总监

对不起，老板，你要聘请我当你的营销总监，我的薪水要求是年薪100万元，一分钱都不能少。

首先我要介绍一下自己。我叫尹高洁，毕业于湖南科技大学，本科学历，学士学位，2003年来深圳，先后在IT业、证券业从事营销工作十几年，拥有丰富的营销实战经验。我了解到贵公司是做传统行业的，而贵公司的主要营销模式就是电话营销，通过打电话的方式寻找代理商、加盟商。我还了解到，贵公司的产品在行业内其实是很不错的，但是销售业绩一直没有达到预定的目标。我相信老板你也苦恼，一直在苦苦思考要如何才能让公司迅速发展。

如果我是你的营销总监，我将对公司的营销模式进行彻底的变革。因为我发现，单纯的电话营销已经露出了它巨大的弊端。我也从事过电话营销，了解电话营销人员的辛苦。电话营销，就是要求电话营销人员不断打电话，不知疲倦地打电话，从海量的客户资源里寻找意向客户。我估计你跟其他很多公司的老板一样，要求你的电话营销人员每天给客户打100通电话。但是效果怎么样，老板，你比我更清楚。或许你自己没有做过电话营销，不知道电话营销就是简单而机械的体力活，这种体力活非常容易产生生理上和心理上的双重疲惫感。所以我不用去调查都知道，贵公司的电话营销人员流动非常频繁，来了一批走一批，好不容易招了一批人，干了几天又走了，极大地浪费了公司的时间成本和运营成本。为什么人员流动得这么快呢？因为电话营销太累

了，又不容易出业绩，要坚持下去谈何容易。

而我所提倡的营销理念，是轻松快乐地做销售。任何一件事情，当你觉得做起来很轻松很快乐时，就一定可以把它完成得非常好。通常一说到销售，大家想到的就是苦和累。而如果我是营销总监，我手下的营销人员不但不会感到苦和累，还会非常享受他们的工作。他们在快乐地工作的同时，还能给公司创造出惊人的业绩。

老板，你现在肯定很想知道，我到底是怎样来进行这场营销上的大变革的。

我要把公司的主要营销模式转移到网络营销上来。可能你会告诉我，公司现在也在做网络营销。于是你可能还会给我举例：公司现在有自己的企业网站，并且网站做得还很漂亮；每个电话营销人员也都配有电脑，他们也在各个论坛上发帖子宣传，通过QQ与客户保持业务联系；有时还花了大价钱在专业门户网站上做网络广告。

老板，这就是你所理解的网络营销吗？这样做有效果吗？不用告诉我，我看你无奈的脸色就知道了。

网络营销是一门很深的学问，但是深悟其道后，却又是非常简单的。我的价值就在于，把我通过不断学习并实践后总结出来的网络营销经验简单化，把它变成一种轻松快乐的营销方式，从而促使一个营销团队创造出巨大的业绩。

老板，我阐述一下我的营销规划。

我将对公司的营销模式进行彻底的改革，把以电话营销为主的营销模式转变为以网络营销为主的营销模式，公司每个部门的运转都要以服务网络营销为导向。

我上任的第一件事，不是组建团队，而是要对公司的网站进行改版。我们的网站为什么要改版？我们的网站的确做得非常漂亮，都比得上一个门户网站了，估计是你花了不少钱找专业的网络公司做的吧？现在，按我的要求，全新改版！怎么改？进行SEO。什么是SEO？考虑到老板你一直从事传统行业，对电子商务是个彻头彻尾的门外汉，我就详细跟你阐述一下什么是SEO，为什么要对我们的网站做SEO。

SEO是Search Engine Optimization的缩写，中文意思是“搜索引擎优化”。说得太专业了估计你也弄不明白，我就跟你讲通俗一点。

老板你花了那么多钱做这个网站，请问是用来干什么的？别告诉我你只是为了展示公司的形象。公司的形象你已经展示了，但又有几个人访问了公司的网站？什么，每天才十几个IP？也就是说，每天就那么十几个人访问了公司的网站。估计这十几个IP，大部分都是咱们公司的员工自己贡献的吧？既然这样，这个网站的价值和意义在哪里？老板，你以为你搞个网站摆在那没人来逛也叫网络营销吗？

企业网站的全部意义只有一个：营销。别人找到我们的网站，通过网站来与我们产生实际的业务联系，这才是企业网站的终极目的。那么，要怎样才能让别人知道我们的网站呢？你说你也做了网络推广，但是没看到效果。所以现在我就是要把我们的网站推广出去，让别人主动找到我们。到底是我们主动找别人业务容易做呢，还是别人主动找我们业务容易做？当然是后者！那么，别人通过什么方式可以找到我们的网站呢？当然是通过搜索引擎。为什么别人没法通过搜索引擎搜索到我们公司呢？那是因为给我们制作网站的网络公司仅仅是从美观的角度来制作，而不是从营销的角度来制作。如果要从营销的角度来制作，就必须对网站进行技术上的优化处理，使得网站在搜索引擎里可以尽量排名靠前。这就叫搜索引擎优化，就是SEO，懂了吧？

如果还不懂的话，我打一个比方：一个人背着100斤的东西，虽然他还能走，但是他肯定走得很慢，是不是？当他放下那100斤的东西，他是不是能够健步如飞，快了许多？SEO就是这个道理。我们现在的网站就相当于背了100斤的东西，很沉重，所以排名很后；当进行了技术上的优化之后，它就会马上轻松起来，排名也就到前面去了。

老板听了颇为赞许，但是又有一个疑问：同类型的网站如果都做了SEO，那么谁能排在前面呢？放心好了老板，全国几千万个企业网站，做过SEO的网站是极少的，估计只有不到1%。因为他们的老板跟你一样，从来就没听说过SEO，也就不会有对网站进行SEO的意识了。网站要如何进行SEO，我会策划的，因为我就是这方面的专家。

这里要说的是一种全新的网络营销模式：SEO营销。这是一种低成本的营销方式，因为对网站进行优化的成本很低。这时你可能突然想到，这是不是传说中的做关键词？没错，但是SEO可不是仅仅做关键词这么简单，它还包括其他很多方面。

总而言之，SEO营销将以极低的成本给公司带来大量的客户，老板就等着看我们团队的业绩好了。

在网站改版的同时，要对我们的营销人员进行清洗。一个一个找他们谈话，了解他们的优势和特长。我可以暂且保留电话营销部门，但是只会留下真正喜欢电话营销的人。

对电话营销部门进行“精兵简政”之后，我要开始招新人，组建真正的网络营销团队。我对网络营销人员只有两个要求：一是熟练运用网络工具（打字、聊天，要求其实很简单）；二是能写一手漂亮的文章。

老板，你现在又疑惑了？第一点你觉得可以理解，上网聊天是对网络营销人员最基本的要求，可是为什么要求写一手漂亮的文章呢？这就是要做的第二种网络营销：博客营销。

或许你也听说过博客营销，估计你有时也在自己的博客上写点心情日记，但是具体怎么做呢？尤其是动用一个团队来做博客营销，这就需要你的营销总监来执行了。博客营销是当前一种非常有效的营销方式，通过博客来推广我们的产品是完全免费的。但博客营销并不是单纯地把我们的产品上传到博客上去。真正的博客营销，是漂亮的原创软文写作营销。也就是说，要做好一个博客，要让客户真正通过这个博客成为我们公司的客户，博客上的文章就必须是能够吸引人的漂亮的软文。一个好的博客有时就能带来大量的客户。我们把SEO融入到博客营销中去，两种崭新的营销方式的融合又产生了一种更高级的网络营销模式，这就是博客SEO营销。

老板，你现在明白我为什么在招聘网络营销人员时要求他们会写一手漂亮的文章了。这里我提一个要求，就是提高他们的底薪待遇，因为他们跟一般的单纯地从事体力劳动的营销人员不同，在我的培训与带领之下，他们将是一群高素质的从事脑力劳动的营销策划高手。一个优秀的营销策划高手可以超过一个普通的营销团队，一个优秀的营销策划团队则将天下无敌。

此外，我还要求在公司资金允许的前提下，成立一个网络技术部门（人数不用多，一两个就行）。这个网络技术部门，一是可以维护公司的网站，在我的SEO培训之下随时对公司网站新的产品进行技术优化；二是可以用来进行网络产品的制作，比如制作电子图片等，我要用这些产品来进行病毒式营销。所谓病毒式营销，通俗地讲，就是利用某一个热点，使之像病毒一样散发出去，让无数的人在瞬间就知道它的存在。这是一种非常先进的营销方式，需要一个优秀的团队集合所有的智慧与能力才能做好。

在我的营销团队工作，将会是非常轻松快乐的，没有人会感觉疲惫。因为他们做的都是自己感兴趣的事（用QQ、微信聊聊天，谁会没有兴趣啊？说到写文章，既然他们都会写一手漂亮的文章，那说明这本身就是他们的特长和兴趣所在）。更重要的是，他们在做着他们感兴趣的工作的同时，还能轻松地赚钱，因为他们在一种全新的营销模式下工作，一定能创造出比那些只会使用陈旧、落后、呆板的营销方式的营销人员多出数倍的业绩来。他们的价值将会得到最大程度的发掘与认可。从此，公司的人员流动将不会再像以前那么频繁，将极大地节约公司的运营成本，公司的文化建设也将稳定下来，一种品牌性的社会声誉也将吸引越来越多的人才进入公司的人才库，公司从此将进入高速发展的通道。

所以，老板，你要聘请我当你的营销总监，我的薪水要求是年薪100万元，一分钱都不能少。

注：此文仅仅是表达我的营销理念，并非真的要凭此文去应聘营销总监。读者诸君，细读可知，一笑过耳。

4.2 五步教你通过博客营销拿到订单

在各种网络营销里，博客营销其实是最简单也是最省钱的方式。如果你还不会做博客营销，只要按照以下五步来做，你就可以成功达到博客营销的目的——接到订单。

第一步：注册博客。

要做博客营销，首先当然要注册博客。博客的标题最好是自己的真实名字，或是你销售的产品的名字。博客公告栏里注明你的产品以及联系方式。

第二步：写博客。

博客内容为王，所以博客上的文章90%以上都必须是原创的。切忌把博客变成产品的堆放仓库。博客内容一定要生动，要能吸引人。能否生动、吸引人，跟写作水平没有任何关系，只要拿出真诚即可。

第三步：博客的优化。

做好SEO：①关键词：每篇文章做一个关键词的优化；②文章标题：每篇文章标题里必须包含关键词；③超链接：和人气高的博客做友情链接，提高博客在搜索引擎中的权重。

第四步：宣传推广。

提交网址导航、论坛宣传、抢名人博客的沙发、QQ群发、网摘推广、参加各种评选活动，等等。到网上去搜，太多了。

第五步：接订单。

现在你就准备接电话，在聊天工具上回答咨询，然后签合同，收款。勤奋认真地做下去，一两年之内，你的成就将令人吃惊。

4.3 怎么把阿里博客和阿里商圈结合起来做营销推广

首先说明一下：阿里博客现在已经改为“阿里专栏”。本书提到的“阿里博客”，都是指现在的“阿里专栏”。

如果把博客营销比作男人，那商圈营销就是女人。可以想象一下，一个英俊成熟的男人和一个美丽温柔的女人在一起了，他们的结合将成就一段完美的婚姻。如果很好地把阿里博客营销和阿里商圈营销结合起来，那将快速地达成营销的目的——把产品卖出去。

一个家庭，是以男人为主心骨，女人为贤内助。同样的道理，两种网络营销推广方式，应该以博客营销为主，商圈营销为辅。

博客营销其实很简单，把你的所见所闻、所思所想真实地记录下来就行了，真的没有多少技巧。但一定要谨记，内容一定要是原创的，不能是转载的。对于文笔的要求，一般的水平就可以了。我们都知道一个理念，就是卖产品不如卖自己。要把产品卖出去，就要先把自己卖出去。怎么卖自己？就是把自己真实的一面通过文字真诚地呈现给别人看。别人通过你的文字感受到了你的真诚，那他就多半会相信你的产品，那么你的营销目的就达到了。

所谓商圈营销，主要是在商圈里发主题帖和跟帖。

如何把博客和商圈结合起来？你要时刻记住，商圈要为博客服务，要把商圈里的人气带到你的博客里。有很大一部分人还不知道博客，也不懂博客，他们只喜欢在商圈里逛，这些人都会是你的潜在客户。要如何让他们知道你的产品呢？发广告帖子肯定不行，马上就会被版主删掉。跟别人的主帖，如果没有抢到沙发的话，效果也不会明显，并且又很累人。那么，怎样把商圈里的人气带到你的博客里呢？很简单，做一个超链接。

在我的每篇文章的结尾都会有一句这样的话：

尹高洁原创文字，版权所有，转载请注明出处，并保留本链接：http://fengse58.me.1688.com/（淘宝会员登录后才可链接）

请尊重作者版权，谢谢！

这个“提示”有两个作用。

第一，商圈里的朋友如果喜欢我这篇文章，可能还想看我其他的文章，那他登录淘宝后就可以直接点击这个地址进入我的博客，这样，商圈里的人就被我顺便带进来了，博客的浏览量上去了，人气提高了，潜在客户也可以通过其他的文章来比较全面地了解我这个人，了解我的产品。

第二，我的文章是原创的，你要是喜欢，想转载到其他的地方，可以，但得注明出处。也就是说，把这个超链接的地址连同文章一起转载，这样我的地址就四处传播开来，其他网站的网民要是喜欢我的文章，同样会点击进入我的博客，这样，我还可以从阿里巴巴以外的地方得到我的潜在客户。

请相信，把博客和商圈结合起来做推广，你将会收获许多的惊喜。

4.4 更换一个好标题换来50000流量

我偶然在一个博客看到一篇题为《看她如何用100元在两天时间内赚得6000元》的文章，感觉这个创业故事给人很多启发。在文章的结尾，作者提到这个女主人公又在接下来的9个月时间里赚到300万元——欲知后事如何，且听下回分解。害得我在阿里旺旺上留言，叫她赶紧写下面的故事。过了几天续集终于出来了，题目叫《100元两天赚6000元续——珍的9个月和300万元》。两篇都写得很好，但是点击率很低，很少有人看。

我给作者留言说，这个创业故事很不错，要是更多的人看了，会给更多的人以启发。我觉得你的文章标题有问题，换一个更吸引人的标题，没准阿里巴巴的管理员就看到了，把你的文章推荐出去，这样你的文章就有更多的人看到了。

作者说："好主意，但是换个什么标题呢？"

我想了一会儿，说："两篇合成一篇，就叫《女大学生白手起家一年赚到300万元》。"

作者说："好，就用这个标题。"

于是作者用这个标题把文章发表在阿里巴巴的"创业咨询论坛"里。第二天，这篇文章就被阿里巴巴的管理员推荐上了论坛首页，两三天时间点击率冲向50000，留言达到350多条。

作者兴高采烈地向我报喜。

我在上一节《怎么把阿里博客和阿里商圈结合起来做营销推广》里提出了一个观点，把博客和商圈结合起来，但要以博客为主，商圈为辅，就是要千方百计把商圈里的人气带到博客里来，因为你的博客里有产品广告，商圈里却没有，要想商圈里的人也知道你的产品，就必须把喜欢逛商圈的人带到你的博客里。所以，如果作者注意到这样一个问题的话，就应该在她发表在论坛里的这篇《女大学生白手起家一年赚到300万元》后面做一个博客的超链接，把论坛里的流量带到博客里来。大家既然喜欢这篇文章，很有可能还想看你写的其他的文章，在看其他的文章时，大家会对你的文章所呈现出来的真实的本人有一定的了解，继而了解你的产品，从而达到博客营销的目的。

很多人的文章写得很好，但是却没有引起必要的关注，一个重要的原因就是标题起得太平淡。所谓"语不惊人死不休"，标题越是起得标新立异，就越吸引眼球，文章的好坏到头来倒成了其次了。当然，标题最好要与内容相符合，别风马牛不相及，那就是欺骗大家了，结果反而会适得其反。所以，不管标题怎么起，真实性永远是博客营销的一个基本原则。违背了真实性这个基本原则，博客营销就无从谈起。

| 4.5 | 原汁原味的日记也给我带来客户

我一直在阿里博客上连载日记《大学本科生在深圳的艰辛求职路》（详见附录），反响还是挺热烈的，因为大家觉得它特别真实。

但是也有一位网友跟帖提出质疑，这是不是小说啊？

我现在在此答复这位网友：这是我原汁原味的日记，绝无半点虚构。

从1994年11月13日开始，一直到2016年8月，22年的时间，我坚持每天晚上写日记，并且是手写。40多本日记，大约共三四百万字。这就跟吃饭一样平常，每天晚上工作完之后，我就会拿出心爱的日记本，开始记录一天里所发生的事情和一些思考感悟。尤其是在我经受重大挫折和失意的时候，写日记就成了我抚慰自己的唯一方式。在日记里，我不断地给自己加油鼓劲儿，让自己始终保持着对生活的希望与信心，让自己不至于一蹶不振。从某种意义上来说，日记拯救了我的心灵，拯救了我这个人。

在大学毕业后来深圳求职的那段日子里，我依然非常认真地记录着每天的亲身经历和切身感悟，或是洋洋千言，或是寥寥数语，每个字都包含着我对生活的真实体会。数年过去了，当某一天晚上我重新翻阅从前那段求职的日记，心灵被深深地震撼了。震撼，是因为真实，是因为残酷的真实，是因为生活残酷到你简直无法想象的地步。痛苦、委屈、伤心、羞愧、失望、绝望、这一切都必须自己一个人默默承受。不会有人来安慰，不会有人来理解，整个世界只剩下孤独。

无论你在我的日记里看到的是什么，幼稚也好，卑贱也好，懦弱也好，懈惰也好，逃避也好，你可以批评我，指责我，但是请相信，我在这里向世人展示的是一个最真实的自我，展示的是一个完成蜕变的艰难的过程，虽然这个过程实在是太漫长了。

正因为真实，所以引起了很多人强烈的情感共鸣，因为很多人同样经历着我曾经经历过的那些事。也因为真实，可以让更多的人更深入地了解我，让大家觉得，我是一个真实的人，一个不粉饰自己的人，一个诚信的人，一个值得信任的人。

所以，真实的自我就给我带来了好几位客户。他们首先向我表示，他们看过我的日记之后很感动，然后把我当作老朋友一样，向我诉说他们曾经的求职或创业经历，同样是充满了苦涩和艰难。我听着感觉彼此的心灵是偎依在一起的。之后，客户就开始下单，直接从网银转账过来。

我的日记本就放在笔记本电脑旁边，翻开日记本，一个字一个字把那些日记打到电脑里。手摸着那些灯光下一笔一划写出来的工整的文字，感觉内心无比温暖。我如此庆幸，我22年的生命历程可以如此清晰地重现在我眼前。而无数的人，时间像流水一样过去了，那么多珍贵的记忆，也就随着时间的流逝而失去。

我此刻似乎觉得，我的生命是永存的。很多很多的东西，我从来不曾失去过。我一直拥有。

或许，这就是幸福吧。

创业启示录：博客营销最重要的一点就是在博客里展示最真实的自我，让大家来了解你，从而获得潜在客户的信任。博客营销其实就是情感营销。当博主的情感与潜在客户的情感产生共鸣的时候，潜在客户就可能转化成正式客户。这也就意味着，你的博客营销是成功的。

4.6 故事是打造品牌的核心

每当有人打电话向我咨询SEO服务事宜的时候，我都会问一句：你是怎么知道我的？很多人的回答是：朋友介绍来的。

我想，我的个人品牌的确已经打响了。良好的个人品牌使得我的业绩实现了数倍的增长。从一个名不见经传的SEO小辈变成了SEO行业里的大咖。

成为SEO行业的大咖，我最大的秘诀就是：我会讲故事。

自从2007年接触SEO以来，我研究了无数从事SEO服务的个人和机构网站，发现他们的网站毫无例外都是在介绍SEO的专业知识。诚然，一个网站的确需要向潜在客户传播产品的专业知识。但是，他们的网站都缺少了一样核心的东西：故事。

对，精彩的故事，传奇的故事，感人的故事。这是他们没有的，也是他们从来就没有意识到的。

无论他们在网站上如何宣传自己是“最专业的”“服务最好的”，潜在客户都不一定会买账。那是因为他们无法塑造自己的品牌，而只有强大的品牌才能使个人或企业获得迅速发展。

大家喜欢听故事吗？

我猜大家的回答一定是“肯定喜欢”。我们从小就喜欢听故事。故事会向大家传递情感、人性、思想、精神。人们在倾听或阅读这些故事的时候，内心会产生心灵的共鸣。是的，你要记住，共鸣是最具杀伤力的东西。当我们读完安徒生的童话《海的女儿》后，我们一定会为小人鱼凄美的爱情故事默默感动，甚至流下泪水。这个童话让我们的心灵产生了共鸣，我们由此喜欢上安徒生这个作家，进而喜欢安徒生的所有童话。从营销的角度来讲，安徒生是世界上最好的品牌营销大师之一，他用那些精彩美妙的童话故事让大家都记住了他，乃至100多年后的今天，世界各国的人们还在阅读他所写的童话故事。

中国有这样的一个庞大的人群：他们或者是公司里普通的销售人员，每日辛苦地打电话或拜访陌生客户，效率极低，业绩很不好；他们或者是刚刚走上创业道路的小老板，有过一段不堪回首的艰难曲折的人生经历；他们或者是刚刚毕业的大学生，当初在校园里的意气风发被残酷的社会现实磨损得一干二净，在求职道路上屡战屡败。

作为个体来说，他们的心灵是孤独的，他们内心苦闷，他们无处倾诉，他们渴望找到心灵上的朋友。

某一天，他们或是无意中通过搜索引擎进入我的博客，或是在阿里博客或论坛里通过链接进入我的博客，或是在许多的网站看到我的文章然后又通过搜索引擎找到我的博客，或是通过别人的介绍进入我的博客。

在我的博客里，他们读到了我的故事。他们读到了我洋洋17000字的长篇创业文章《一个穷苦大学毕业生的艰辛创业路》，他们读到了我长达200“集”的《大学本科生在深圳的艰辛求职路》，他们还读到了我以前打工时的种种经历和创业过程中的点滴感悟。

在我所有的故事中，塑造了这样一个主人公形象。他自从大学本科毕业后，在深圳经历了无数的失败、挫折、艰难、困苦，他的内心一直被自卑、悲哀、痛苦所笼罩，他也曾懒惰、懈怠、灰心、失望乃至绝望过。但是他从来没有放弃自己的梦想，那就是给贫穷的家庭和贫穷的自己一个美好的未来，他要通过自己的努力，改变家庭的命运和自己的命运。所以他从来不曾放弃过，失败了就爬起来，再失败了就再次爬起来。他伤痕累累，像一匹在荒野上受伤的狼一样，总是默默舔着自己的伤口，然后默默前进。他忍气吞声，他忍辱负重，他锲而不舍，他奋发图强，他不放过哪怕是一个微小的机会，只要他认为值得去做，他就马上坚决地去执行，而不管以后会不会再度失败。最后，他成功了。虽然，比起那些大款来说，他仍然显得渺小，显得微不足道，但是他觉得他成功了，因为，他获得了许多人的认同。

这个主人公的名字就叫尹高洁。尹高洁就是我。

我坦诚地告诉大家，就在写上面这段长长的文字的时候，我的眼睛开始湿润，然后热泪盈眶，那眼泪怎么也止不住，哗哗地往下流。

我觉得自己真的太不容易了。

我相信，中国那个庞大的人群，就是上文所说的普通销售人员、创业小老板、刚毕业的求职大学生，以及其他许许多多不同阶层、不同行业的人，他们在读着我的故事的同时，脑海里同时浮现出他们自己曾经经历过的那些艰难的日子，他们的内心一定会产生强烈的共鸣。我用自己真实的故事打动了他们。

于是，网络上有很多人开始转载我的故事，他们传播着我的故事，连同我的创业项目SEO服务也一起被传播开来。尹高洁——SEO，就这样生动地联系起来了。

于是，SEO培训师尹高洁的个人品牌也这样传开了。

我的SEO服务最大的与众不同之处就在于赋予了SEO服务以人性和情感的内涵，赋予了一种普通人不屈不挠、永不放弃的精神品质。

客户购买的其实并不是我的SEO服务，而是我的情感内涵和精神品质。

在我和我的同行之间，因为被我的故事所感动，很多人会毫不犹豫地选择我。

这就是品牌的强大力量。

这就是故事的强大力量。

无论你是普通的销售人员，还是自主创业人士，你都需要为自己塑造强大的品牌，没有品牌就没有爆炸式的财富增长，这一点一定要切记。而讲好故事是打造品牌最核心、最简单、最有效的方法，并且这个方法一定是完全免费的，一定是零成本的。创业至今，我从没有在成本上花过钱，所有的成本都是零，只因为我很好地掌握了许多简单而有效的营销方法。

讲故事，就是我最擅长使用的方法。

4.7 “十大博客”是打造网络品牌的绝佳途径

2010年10月11日下午两点半，阿里博客管理员小薇在旺旺上邀请我担任2010年度阿里巴巴“十大博客”评选活动的评委。我感到非常荣幸，自然一口应允下来。

坐在电脑前，我忽然之间有点恍惚，感觉时间真的过得太快了，又一年的阿里巴巴“十大博客”评选活动到来了。

我记得在2008年10月中旬，阿里巴巴举办了当年度的“十大博客”评选活动。那时我在阿里巴巴开博才两个多月，博客流量虽然有了20多万，但在高手如云的阿里博客里，绝对是个小字辈。我没有参加那年的活动，只是老老实实当了一个观众。那之前，张军华领衔成立了助众团队，我也荣幸地受邀加入那个团队。当时那个团队的声势非常浩大，任何活动都可以做到应者云集。记得助众团队里有好几个人参加了“十大博客”评选活动，但是最终只有张军华一人以无可争议的实力当选。

我在参与投票的同时，也在旁边默默地观察，亲眼见证了“十大博客”评选活动对产品宣传的效果和对品牌塑造的影响力。在网络上做营销，最重要的一点，就是要解决信任问题。如果能打造一个大众信任的品牌博客，无疑可以大大提高客户询盘的转化率，对业绩的增加将会起到不可估量的作用。

所以我暗暗发誓，一定要参加2009年度的“十大博客”评选活动，一定要当选2009年度的“十大博客”。

很多的誓言，发了也就发了，不见得会有什么行动。我在我的博客里一直强调“行动”，强调“执行”；没有“行动”，没有“执行”，任何所谓的誓言最终都会沦落为笑柄——即使别人没空来笑话你，你自己也会笑话自己。

我发过的誓言，我一定会坚决有力地执行，并争取实现。要成为2009年度的“十大博客”，这个过程是漫长的，因为需要坚持最少一年的时间。

当然，写博客的目的并不是成为“十大博客”；“十大博客”只是对“坚持”与“认真”的认可。就好比一个作家，对于当代作家来说，生命中的最高荣誉无疑是获得诺贝尔文学奖，但是获得诺贝尔文学奖不应该成为一个作家奋斗的目标。作家写作，是为了表达心中的文学理想，为了这个文学理想的实现，需要在漫长的生涯里孤独地、艰难地行走。这个过程是作家独享的。而坚持写博客的漫长过程，每一天，每个星期，每个月，踏踏实实、不浮躁、不气馁，这种精神的投入与张扬，对于博主来说，就是一种享受。

大部分人都是三分钟热度，但博客营销需要长期的坚持，再坚持。既然选择了博客营销，你所选择的就是一条孤独的道路。在前几个星期或前几个月，你或许有很多话题和素材可以写。但是时间一长，可能就没素材可写了。这时是继续坚持写下去，还是就此放弃？

我同样遇到过写不下去的情况。每当写不下去的时候，我就会出去走走，或者是到书城里去看书。我喜欢看书，书能带给我写作的灵感。有时看到某本书里的一个观点、一个故事，我都会把这个观点、这个故事用自己的语言再写一次，并尽量融入自己的独特想法。

如果不多看书，不多从书里吸收写作的营养，博客是很难写下去的。这是我个人的心得体会。

一年的时间转瞬即逝。2009年度的“十大博客”评选活动如期展开。那时，我的博客流量已经超过180万，不用通过“十大博客”评选，我也牢牢确立了在阿里巴巴上推广SEO第一人的地位。在阿里巴巴上，我充当的是一个“卖水人”的角色。像我这样“卖水”的人很多，但是在一个细分领域里做出个人品牌来的并不多见。在阿里巴巴上，只要提起SEO，大家首先想到的人必然是我。就好像提起故事营销服务，第一个想起的必然是上海伟雅老师；提起博客营销服务，第一个想起的必然是指尖柔沙老师。把一个细分的行业服务与一个人的名字等同起来，这基本上可以说是确立了这个人在这个细分领域里的权威地位。

关于2009年度的“十大博客”评选，十位专家评委，有九位投了我的票，我以专家评委最高投票数顺利当选“2009年度阿里巴巴十大优秀博客”。同时，我还获得了“2009年度阿里巴巴十大原创写手”称号，成为当年的双料奖项的获得者。

两块奖牌如图4.1所示，是由阿里巴巴董事局主席马云亲笔签名颁发。

图4.1　阿里巴巴的奖牌

这是一份沉甸甸的荣誉。因为只有我自己知道，我为了这份荣誉付出了多少。

我有着很敏锐的品牌宣传意识。“十大博客”不仅仅是一个荣誉，还是一个可以利用的工具。我发现以往部分“十大博客”得主缺少品牌意识，没有把这个奖项放在博客上显眼的位置。阿里巴巴在电子商务领域是绝对的老大，一直提倡并传播着“诚信”的精神，所以阿里巴巴的奖项含金量是很高的，这些奖项延伸出来的品牌价值自然也是很高的。所以一定要充分利用这些奖项，甚至要主动提升这些奖项的价值内涵，让品牌的坚韧度充分地体现出来。

获奖之后，我立即设计了我的博客banner（横幅广告），把获得的荣誉“堂而皇之”地向大众宣告。看起来似乎是件很高调的事情。但是做营销，不就是要高调吗？不高调地宣传，别人如何知道你？

现在，任何人只要一进入我的博客，不用去看文章，就会喜欢上我的博客。他们首先会被博客banner上大红大红的“2009年度十大优秀博客奖项得主”“2009年度十大原创写手奖项得主”所吸引。这对大量潜在客户从内心里对我放下戒备之心以及产生信任感，起到了巨大的引导作用。

在每期SEO培训课程的最后，我都要问学员，你们为什么会付费来参加我的SEO培训课程？每个人的答案都不一样。其中很多人会说，冲着你的个人品牌来的。

我总结说，我不管你们为什么会最终选择付费到我这里来参加培训，我相信只有一种心理支配了你们的付费行为（也就是购买行为），那就是信任。没有信任，你们根本不可能付费来参加培训。

这个让大量的潜在客户转化成实际客户的工具，就是我的个人博客。是我长期坚持写博客的精神感染了大众，从而形成了良好的口碑。而“十大博客”奖项为这个口碑做了最好的诠释和注解，并且进一步提升了我的个人品牌价值。

“十大博客”，不是一个句号，不是一个终点。“十大博客”，会让你获得继续坚持走下去的更大的勇气和信心。

今天，当我以“十大博客”专家评委的身份出现的时候，我的内心久久不能平静。我坚信这是比“十大博客”更加难得的荣誉，而阿里巴巴把这份荣誉给了我。我自始至终都感谢阿里巴巴，可以毫不夸张地说，没有阿里巴巴，就没有我的今天。阿里巴巴给了我一切。

但是，从另一个角度说，我得到的这一切，终究还是来自自己的努力。所有的人都看在眼里，我是多么努力地工作。我想，我得到的都是我应该得到的，不是因为别人可怜我而施舍给我的。永远不要奢望别人的施舍，永远要凭自己的努力去获得。

一切都要靠自己。

请相信，你的努力和坚持，大家都看在眼里。只要你努力并坚持，很多人会主动来帮助你，很多人会帮助你走向成功，包括你的客户，包括很多你根本不认识的人。

作为2010年度“十大博客”评选活动的一名评委，我想说的是，我一定尽量客观地评选，选出我心目中的“十大博客”。跟往届专家评委所遇到的难题一样，我们也将遇到这样的难题：由于优秀的博客比较多，而名额又有限，肯定会有遗珠之恨，这是不可避免的。

我会有自己的评判标准，不会受到外界的干扰。

最后我还想给所有准备参加此次“十大博客”评选活动的博主一个小小的建议：你的参选文章，请一定要认真地写，因为很多专家评委对你的博客的第一印象，不是你的博客的整体水平，而是你的参选文章。至少，我就会这样去看。

作为网商，请利用好每一次活动，好好地宣传自己，提高自己的曝光率。能得奖最好，不能得奖，也请不要沮丧，不要抱怨，真诚地祝福得奖的人，并继续走你自己的博客营销之路。因为路是自己走的，不是走给别人看的。

4.8 先感受我的博客的价值，再来报名参加SEO培训

经常会出现这样的情况：有人当天接触到我的博客，看了几篇文章之后，十分激动，马上就打电话给我，说要报名参加我的SEO培训课程。

而我往往并不接受他的报名，我会婉言劝说他：你不要急着来报名，先多看看我的博客，最好是通读博客上所有文章，感受一下这个博客真正的价值，当你感受到我能够真正给你带来帮助的时候，再来报名。

很多销售员恨不得客户在第一次询盘后就立即下单，于是使出种种“销售话术”，明示或暗示客户赶紧下单（这都是变相催促）。其实这样反而会起到相反的作用，很多客户心里会想，你这么急着催我下单，会不会有什么不妥？客户一旦这样想，那这单不知要拖到何年何月了。

这是销售员心浮气躁的表现，是销售之大忌。钱在客户口袋里，你要他轻易把钱给你，那真是一件痛苦的事。钱对于客户的意义在于：钱必须换取有价值的东西。所以在销售之前一定要充分明白一件事：你一定要全力以赴把自己以及自己的产品的所有价值展现给客户，让客户真切感受到你以及你的产品能够带给客户所希望或期待的好处。

记住：客户只有充分感受到价值之后，才会心甘情愿地付款。

所以，凡是来向我询盘的意向客户，我从来都不会催促他们立刻打款过来。我从来都是这样说：你先去看我的博客，多看，多体会，因为我的博客里介绍了很多营销的技巧、创业的经验，我相信你看完之后会有所启发，会对你的营销、创业有所帮助。

这就是我的博客给你提供的价值。不管你是否付费来报名参加SEO培训，都希望你持续关注我的博客，希望你从中获取大量的价值。

| 4.9 | 把你的博客打造成强大的"磁场"

先摘录两个读者的博文：

今天，也许是一个改变我工作观念及人生态度的一天。

我接触了SEO，这对我来说是一个全新的词。无意中我进入了尹高洁先生的博客，里面的每一篇文章都很吸引人。

我从早上一直看到下班时间。

本文摘自happy103的博客。

上个星期的一天，我按照往常的习惯，打开电脑首先是登录阿里旺旺、QQ和MSN，然后进入阿里巴巴中国站的首页，点开一篇篇自己感兴趣的帖子和博客，无意间便进了SEO培训师尹高洁的博客，开始冲着自己喜欢的标题一篇篇读了起来，于是一口气连看了五六页，它对我似乎有种不可抑制的强大吸引力，自此我便把看他的博客当成了每天工作之余最大的乐趣。

本文摘自肖凤华的博客。

其实这样的文章很多，我只不过在阿里巴巴上随便搜索了一下，抽取了两位读者的阅读心得体会。

很多陌生的朋友都对我说过这句话：“我曾经通宵达旦地阅读你的博客。”

我觉得，这是对我的博客的最高评价。

当许许多多你根本不认识的人通宵达旦地阅读你博客上的文章，你会是什么样的感受？

这种感受是难以用语言来形容的。

所以，我只能继续写，给我的忠实读者以及未来的读者们奉献出一篇篇好文章。

很多人会问我：“你怎么有那么多的素材可写？”

我想说：“你必须热爱写作；如果你不热爱，即使勉强写了一段时间，也会坚持不下去的。”

又有人问我：“我不热爱写作，但是我也很想把博客营销做好，有什么办法吗？”

我想说：“你必须明白一点，博客营销非常有效，它可以为你带来源源不断的订单，你如果想从博客营销上赚到更多的钱，就要逼迫自己写下去，逼迫到一定程度，你就会形成一种习惯，然后你就会喜欢上写作。”

又有人问我：“要写什么内容才能吸引读者经常来看我的博客？”

我想说：“很多人认为一定要有很好的文笔才会吸引读者，这是错误的观念。只要真实地写出自己的想法，乐于分享自己在工作、营销、创业等方面的经验和技巧，这样的博客就能吸引人。语言不必华丽，朴实是最好的风格；情感不必绚丽，真诚是最好的表达方式。”

一定要记住：真实朴素，乐于分享，以情动人。

这就是把你的博客打造成强大的“磁场”的秘诀，这就是让你的读者可以通宵达旦地阅读你的博客的秘诀，这就是让你从博客上可以得到更多订单的秘诀。

4.10 用系列连载的方式，牢牢吸引你的客户

从2009年2月18日到2010年8月2日，大约一年半的时间，我在博客上连载了长篇求职日记《大学本科生在深圳的艰辛求职路》，一共200篇，单篇流量最高7000多，200篇总流量超过30万。另外，文章还被国内十多家网站转载，流量无法统计。这些文章产生了极大的影响，许许多多的人正是通过追踪阅读这篇文章，更深入地了解我的经历和内心，受到感动和激励，才成为我的成交客户。

正是看到系列连载的效果，后来我又在博客上连载了销售日记《销售冠军是怎样炼成的》，流量同样喜人。

系列连载的最大好处就是可以吸引读者每天追踪阅读你的文章，牢牢黏住读者，让读者从此成为你的博客的忠诚粉丝。

所以，写系列连载的文章是做博客营销的最佳手段之一。

要写系列连载文章是很不容易的，首要的工作就是搜集素

材。我们可以从以下几个方面来搜集系列连载文章的素材。

1. 求职经历。

几乎每个人都有自己的求职经历。如果你做过几份工作，那么可以把求职经历分篇写下来，而不是集中在一篇文章内全部写完。要详细描写时间、地点、人物、场景、经历、感悟、总结。一定要写得有故事性，有思想性，让读者读起来有认同感。

2. 工作日志。

你完全可以把每天的工作写成日志。注意提炼每天工作的"亮点"，把"亮点"放大，略去不必要的枝蔓。每篇日志最好有一个中心主题，要有感悟和总结，要让读者阅读后有收获。

3. 创业经历。

如果你现在是一个老板，不管是企业老板还是网店老板，都可以把你的创业经历从头细细写下来。创业过程中的某件事情、某个阶段、某个人、某个想法，都可以写成一篇文章。

4. 营销经验。

你可以把多年积累下来的营销经验、心得一一写下来。每篇文章介绍一个经验或心得。

标题是文章的"广告"，是能否吸引读者点击的关键。所以，系列连载文章的标题一定要精心设计。系列连载文章的标题设计方式通常有两种。

1. 统一的主标题。

比如我的求职文章连载标题就是《大学本科生在深圳的艰辛求职路（连载1）》，我的销售文章连载标题就是《销售冠军是怎样炼成的（连载1）》。

2. 主标题和副标题的结合。

比如我的网络营销文章连载标题：《网络营销方法系列（连

载1）：怎么做图片病毒式营销》《网络营销方法系列（连载2）：怎么做论坛营销》《网络营销方法系列（连载3）：怎么做QQ群营销》。

我看到有些网商朋友写了一个系列文章，为了追求轰动效应，在一天之内把系列文章全部发到博客上去。这大大降低了读者的好奇心理，容易失去读者对你长期的关注度和忠诚度。一定要引起记者的兴趣，让他们总是惦记着以后也来看你连载的文章。

那么，系列连载的文章，隔多久发表一篇合适呢？

1. 每天发表一篇。

如果你的系列文章在规划中有几十篇甚至上百篇，那么可以考虑每天发表一篇。

2 .每周发表两篇。

如果你的系列文章在十篇以内，那么不妨每个星期发表两篇。这主要是为了延长连载的时间，以便延长读者对你的关注度。

| 4.11 | 通过博客进行个人品牌的策划与塑造

湖南卫视的《我是歌手》第一季于2013年4月12日落下帷幕，夺得冠军的是羽泉。但是《我是歌手》最大的惊喜，当属黄绮珊无疑。刚开始我并没有关注《我是歌手》，节目播出两期之后，有一天弟弟在我旁边的电脑上听黄绮珊的歌，一首《等待》把我听傻了，因为我从未听过这么震撼的歌曲。她的歌声直抵我的灵魂深处。我仔细看着电脑上那个长着一口龅牙的“丑女人”，迫不及待地在电脑上把《我是歌手》的前两期也看完了。虽然在第一期黄绮珊名次不佳，但我知道，她必将红遍中国。

黄绮珊真的火了，火得一塌糊涂。说起来黄绮珊的经历也挺坎坷的，从20世纪80年代开始唱歌，那么一个好嗓子，出道27年来，竟然默默无闻。但她终于苦尽甘来，《我是歌手》让她一举成名。据说，她以前商演的出场费才区区2万元，成名之后，出场费暴涨到45万元。

说实话，我已经很久没有追过电视上的综艺节目了，即便如2012年最火的《中国好声音》也只看过一场总决赛。但是《我是歌手》竟然让我对每个星期五晚上充满了期待。

黄绮珊还是那个黄绮珊，她之所以能在27年后一举成名，完全得益于《我是歌手》这档魅力无限的节目。《我是歌手》最大的魅力就在于：它让已经成名的歌手接受普通听众的评判，这种新鲜的感觉，让广大的电视观众感到相当刺激，观众们第一次不再以仰视的眼光去看待那些成名的歌手，而那些成名的歌手也不再以俯视的眼光去对待观众，身份的置换让节目充满了紧张和悬疑。

不得不承认，正是精良的策划与制作成就了《我是歌手》的火爆，也成就了黄绮珊知名的个人品牌。

良好的个人品牌，能以最低的成本获得大量优质客户、大量人脉资源、大量合作机会、大量商业机会，从而带来稳定增长的收入。打造知名的个人品牌，对于任何一个营销人来说，都是一件刻不容缓的事情。

那么，对于普通的网商朋友来说，如何通过策划来打造自己的个人品牌呢？

2008年8月初，我在阿里巴巴上开通了博客，从那时起，我就暗自下定决心，一定要努力打造属于自己的个人品牌，让千千万万的网商都知道“尹高洁”这个名字。

当时我完全是一个新人，没有人知道我。所以我认为，必须做一次精心的策划，让自己在阿里巴巴这个平台上“一炮而红”。我观察了一段时间，阅读了很多文章，用心揣摩和思索，发现长篇的、连载的创业故事最能获得网友们的青睐，也最有可能获得轰动效应。

于是我选好了素材，用了整整三天的时间，写成一篇长达17000余字的“长篇”故事《一个穷苦大学毕业生的艰辛创业路》，于2008年8月1日发在我的博客上。我期待着阿里博客的管理员可以把我的这篇文章推荐上首页头条，因为通常首页头条的文章都能快速地火起来。

遗憾的是，由于我是一个新人，第一次在阿里巴巴上写文章，博客管理员根本不认识我，所以并没有推荐我的这篇文章，因此文章的流量很有限，影响力自然也很有限。

但我并没有因此灰心丧气，而是持续不断地写文章。我的勤奋终于被博客管理员看在眼里，博客管理员渐渐重视起我的博客来，经常把我的文章推荐到首页。我的博客在开通第33天的时候，访问量过了10万。我的影响力逐渐提升，但这是一个缓慢的过程，并没有达到大紫大红的程度。

4个月之后，我已经通过博客赚到了第一桶金。这时，我再回过头去看当初那篇精心写就的“长篇”故事《一个穷苦大学毕业生的艰辛创业路》，觉得这么好的一个题材竟然没有火爆起来，实在是太浪费了。于是，我重新拾起那篇文章，改了开头，并增加了一个新章节，把标题改为《从穷困潦倒到年入十几万元的创业传奇》，于2008年12月3日，发到阿里论坛的创业版块。

创业版块是人气最高的一个版块，我期冀在这个版块里能获得更多的关注。

那篇文章有10个章节，我一次性全部发布出去了。发完之后，访问量也不过百来个。正当我失望之际，忽然一名社区管理员找到了我，先是对我的文章表示了赞赏，然后指出文章发布的方式不对，不应该一次性全部发布出去，应该以每天连载的方式发布。最后，他说他会重点推荐这篇文章。

我马上删除了文章后面的8个章节，只保留了前面的2个章节。社区管理员把这篇文章推荐到了论坛的首页头条。我每一两个工作日发布一个章节，这样连载了将近半个月。在这半个月的时间里，那篇文章始终牢牢占据着论坛首页头条和二条的显要位置。这样的推荐力度在阿里社区是极其罕见的。半个月下来，那篇文章的访问量达到了惊人的20万。

单篇文章20万的巨大访问量在阿里社区是一个奇迹，应该说是2008年阿里社区最火爆的一个帖子。那段时间，每天加我的QQ、旺旺以及打我电话的人数不胜数，我那个月的业绩也达到了一个顶峰。我充分感受到了“一炮而红”的滋味。我尹高洁在阿里巴巴因为那篇文章，终于大红大紫，名扬“天下”。

仔细回想我成名的过程，每一步都是精心策划出来的。首先是自己对文章的策划，然后是阿里社区管理员的策划。在那个过程中，最强大的策划，当然是阿里社区管理员。其实文章还是那篇文章，但是一旦经过策划，经过平台的推荐，它最终显示出的效果就是天壤之别了。

这正如《我是歌手》的黄绮珊一样。27年来，黄绮珊一直是那个黄绮珊，她的歌唱水平一直都处于巅峰状态，但是她缺少一个良好的策划团队，缺少一个强悍的宣传平台，所以她只能被埋没在滚滚红尘当中。整整27年过去了，黄绮珊终于通过《我是歌手》这个平台一炮而红，相信她未来还会持续地红很多年。

知名的个人品牌需要前期的策划，但是更重要的是后期的持续塑造。很多人在经过前期的策划之后一炮走红，但却昙花一现，瞬间消失，只出了一阵子名，连个人品牌都不算有。真正的知名个人品牌，一定是经过长期的打磨、经营、沉淀、积累，才能在公众的心中形成一种固定的形象。

我深知这个道理。所以你可以看到，我并未如很多昙花一现的“红人”那样，走红一阵子就消失了，而是坚持不懈地写博客，通过博客不断地塑造着一个强大的、永不没落的个人品牌。

这个个人品牌，如今给我带来的，远远不是持续稳定增长的收入那么简单，它还意味着价值、尊严、荣誉和使命。

对于任何一个渴望打造强大的知名个人品牌的新人来说，你要相信，你所有的努力，都会被别人看在眼里，一定会有强大的第三方来协助你走向成功。但是在那之前，请像黄绮珊那样，不要放弃自己，在寂寞中坚守和努力。

4.12 打破你的心理障碍，勇敢地去写博文

有很多网友问过我这个问题：“我不会写文章，写得不好，也没有信心写下去，但我也想做好博客营销，怎么办呢？”

通常我都会建议他们：“如果你对写博客没有兴趣，自认为写不好，那就别去写。博客营销只是网络营销中的一种，你还可

以使用其他的网络营销方式。”

我自己是博客营销的受益者。可以毫不夸张地说，是博客营销成就了我的现在。我也可以毫不讳言地说，我能够做好博客营销，很重要的一个原因就是我本身就喜欢写作。

喜欢和兴趣是做好一件事的原动力所在。

阿里博客的管理员陈文婷（网名“忧郁小蚊子”）热情洋溢地开了很多期博客营销培训班，但是她后来发现效果并不好，因为能坚持写下来的人寥寥无几，绝大多数人都中途放弃了。

所以我这篇文章，只针对那些虽然现在不会写博客，但是因为看到了博客营销的光明前景，有决心、有毅力坚持写下去的人。

我先给大家举个真实的案例：浙江省永康市申鑫振动棒厂的创始人申友娣，2007年的销售总额才区区80万元，2008年年初，她试着写博客。她没有上过大学，刚写出来的几篇文章，写得很一般。但她却十分用心地在写，越写越好。她写自己的故事，真实而朴素，打动了许多人。她坚持写了好几年。正是通过博客，她认识了她现在的丈夫张军华，夫妻两人这几年共同努力，通过博客营销快速扩张工厂的规模，每年销售额达到了几千万元。写博客彻底改变了她的命运。

申友娣是一个普普通通的女人，文笔也不好，一开始也不知道怎么运用博客，只是老老实实地在博客里写下她的真实的人生故事。她刚开始就是一个小作坊的老板，这个小作坊只有她一个人，生产和销售都由她一个人负责，可以想象得出她是多么的辛苦，可是她还是会经常写博客。她一开始也并没有奢望博客营销能给她带来大量的客户。她仅仅是想通过博客展示她的心路历程。

她成功了！博客营销为她带来的客户最终占到工厂销售额的

90%以上。她所有的同行都羡慕嫉妒恨，但是却没有一个人可以复制她的成功。因为几乎没有任何一个同行像申友娣那样认真地坚持写博客。博客，成了她的核心竞争力。

所以，如果你真的认定了博客营销值得投入时间去做，那么，不管你现在会不会写文章，你只要坚持写下去，你一定会写得越来越好，博客也一定会给你带来意想不到的效果。你一定要坚信这一点，因为在阿里巴巴上，通过做博客营销而取得成功的人，还是相当多的。

你要打破你的心理障碍，勇敢地去写，能不能写好根本无所谓，只要拿出坚持和韧性。客户不是来看你的文笔的，而是来看你的文章里透露出来的真诚的情感和人性的。只要文章里真诚的情感和人性以及真实的经历打动了客户，就会得到关注，客户可能就会下单，或者即便不下单，也可能介绍朋友来下单。

4.13 你明白写博客的目的是什么吗

我坚持写博客已经8年了。老实说，能坚持写博客8年，是一件挺不容易的事。我之所以能够坚持下来，不是出于纯粹的兴趣，而是源于利益的诱导。我深深地明白：坚持写博客，能够为我带来持续不断的收入，让我过上非常不错的生活，让我有机会去实现人生的很多梦想。

2008年8月以前，我还是一个愣头青，不明白写博客的目的是什么。也曾在新浪和阿里巴巴开通过博客，发表过几篇不痛不痒的散文和几篇硬性的广告，但这并没有让我感受到写博客的乐趣。

我曾读过一篇文章，说一个老太太在某城市陪着女儿读大学，自己闲着没事，就开通了20多个博客，代理了一款产品，结果通过博客接了很多订单，赚了不少钱。那篇文章让我感到很惊讶，心想还有那么赚钱的事？但那篇文章我看过也就看过了，当时并没有想过我自己要通过博客去达到一个什么目的。

2008年7月底的一天，我在阿里博客首页看到了好几篇分享博客营销经验和技巧的文章。我这人领悟力还算强，一看就明白博客营销应该怎么做。

于是，我立刻开通了阿里博客，开始写起文章来。因为我知道，只要认真坚持写下去，就一定会有客户主动找上门来。

我记得很清楚，我是2008年8月1日开始写第一篇文章的，一个月后的9月4日，我从博客上接到了第一个SEO的单子。从那以后，单子就源源不断地进来。

以我8年写博客的经验来看，博客不一定会直接带来订单，但是由于博客集中展现了你工作、生活当中的方方面面，比如，你的品质、能力、情感、人性，塑造了一个真实而立体的你，这样很容易让客户对你产生喜欢或敬佩之情，从而更加地信任你，促使客户在众多的供应商里面，更愿意向你下订单。

简而言之，博客是一个提高订单成交率的工具。订单成交率提高了，你的收入自然也就增长了。

当你意识到这一点，你就应该尝试着去写写博客。你也不用去刻意地追求流量，不要因为看到你的博客流量不高而气馁。你只要把博客当成是营销中的一个情感后花园，然后把潜在客户引导到你的博客来参观。你要相信，在那些参观你的博客的人流中，必然有意向客户。他们会默默地阅读你的博客，默默地关注着你的一举一动。等到合适的时机，他们就会向你发出意向询盘。当然，至于最后能否成交，还要看你与客户的沟通技巧以及其他方面的因素。

很多人都是一时的热情，一段时间就放弃了。很多技巧都可以教得会，唯独“坚持”靠的是自己的毅力。

我对大家最基本的要求是每个星期写一篇。重要的是，你要经常去写，让客户看到你的博客始终是“活着”的，而不是活着一段时间就彻底“死了”。

如果你的产品很好、发布信息也很勤快，但就是没多少有效的询盘，成交率更是低得可怜，那么，请你深刻地记住一点：博客，能够为你带来更多有效的询盘并提高成交率，可以让你赚到更多的钱。

| 4.14 | 写博5周年纪：没有SEO和博客，我将一事无成

2013年8月5日是我在阿里巴巴写博客的5周年纪念日。

返回到我的博客最末一页，第一篇文章《一个穷苦大学毕业生的艰辛创业路》，发表于2008年8月5日13:52。

我第一次接触博客是在2004年3月，是我的一个小学同学黄园媛向我推荐使用博客的。当时她在湖南师大念研究生，学的是计算机专业，她经常在她的博客上发表计算机方面的专业文章。我当时还是一个电脑菜鸟，连注册博客都不会，后来还是黄园媛同学帮我注册的。我很清楚地记得，当时注册的是博客动力

www.blogdriver.com。当然，现在博客动力早就关闭了。

我当时对博客感觉很新鲜，时不时地把自己平日里写的一些抒情散文之类的东西都发布上去。当时的我工作不尽如意，生活穷困潦倒，看不到未来的希望，所以写的散文都充满了浓浓的忧郁和感伤。偶尔也看到有网友评论几句，访问量一直都不高，从没超过1000。

大约在2005年7月，我发现黄园媛同学逐渐放弃了博客动力，开始转战MSN空间。那时MSN空间非常火，我的很多同事都喜欢在MSN空间发表文章。黄园媛同学更是频繁地在MSN空间发表文章，不仅有计算机方面的专业文章，还有日常生活的记录和感悟文章。

于是我也跟着在MSN空间里发表文章。但是我写文章并不积极，一年也就写那么几篇，更新很慢。我更喜欢去看黄园媛的文章。黄园媛是我小学一年级的同学，小学二年级就转学走了，此后很多年都没见过面。记得有一次我登录她的MSN空间，突然发现她写了一篇关于我的文章，虽然没有提及姓名，但是我知道写的是我。那天我是在网吧里看到这篇文章的，看了非常感慨，情不自禁地流下了眼泪。

大约在2007年5月，我又开通了新浪博客，把原先发表在MSN空间里的文章全部转发到新浪博客。之后很长一段时间，我都没有去管那个博客，任由其荒废。

2012年3月，我又重新启用了那个新浪博客，把2007年发表的那些文章都删除了，然后把我在阿里博客上发布的商业性文章转发到新浪博客上。现在，这个新浪博客是我经常发表新文章的地方。新浪博客与我的新浪微博相通，我在新浪博客上发表的文章，都会同步更新到新浪微博上。

2007年12月，我还在深圳联合证券公司做业务员。在当时证券行情萧条的情况下，我想到了网络推广。于是，我在新浪、搜狐、网易、百度、天涯、和讯等几十个网站上都开通了博客，在上面发布证券方面的广告。

当时开这么多博客，其实是受到一篇文章的启发。那篇文章说有一个做音乐网的个人站长开通了500多个博客，然后在每个博客上做了当时最火的两首歌曲《老鼠爱大米》和《两只蝴蝶》的关键词。此君执行力之强悍，令人无限敬仰！他把每个博客相互之间都做了友情链接，这让他的很多博客的人气和权重迅速上升，博客上“老鼠爱大米”和“两只蝴蝶”这两个关键词，被他垄断了百度、谷歌前十页。这也就意味着无论你是在百度还是谷歌搜索“老鼠爱大米”和“两只蝴蝶”，都能够在搜索结果的前十页看到他开通的博客。他在所有的博客里都做了他自己的音乐网站的链接，结果每天有数十万人通过他的博客进入他的音乐网站。他的音乐网站放了当时流行的联盟广告，每天数十万的流量，给他带去的收入每月都是十几万元甚至几十万元。

那篇文章启发了我，让我很是振奋。于是，我也以强悍的执行力开通了几十个博客，并在这几十个博客上大量地发布证券业务广告，做证券方面的关键词。后来，我做的很多关键词都在百度、谷歌上排名靠前。直到2010年，还有人通过那些博客找到我，向我咨询开证券账户的业务。

离开证券行业后，我就放弃了绝大部分博客，只保留了其中十几个最知名的博客，偶尔更新一下。

直到2008年7月，由于证券行业持续萧条，无论采取什么样的手段都拉不到客户。居安思危，我决定自己找个项目来兼职赚点钱。当时一个同事进了一批多媒体音效键盘，我看了觉得很有创意，就决定帮她代销。我当时首先想到的，就是上阿里巴巴去推广。就这样，我来到阿里巴巴，登录了原先就注册的一个账户，把产品信息上传到网上。

传完之后，随手点击，就来到了阿里博客的首页。我看了几篇分享博客营销经验的文章，蓦然间如醍醐灌顶，豁然开朗，感觉自己找到了最好的网络推广方式。因为我本来就擅长写文章，所以博客营销对我来说是再简单不过的一件事了。我当时就认定，只要我能坚持下去，就一定能从博客上接到订单。

于是，我对以前用来发布广告的那个博客进行了修改，并把以前的广告都删除，这就有了我正式做博客营销的第一个博客。

我当时发现一个规律：只要文章能被推荐上了博客首页，尤其被推荐上了首页的头条位置或黄金屏位置，就会带来庞大的流量。于是，我开始酝酿写一篇关于我的创业经历的文章。那篇文章我整整写了3天，17000多字。之所以写得这么长，就是想以一篇高质量的文章在阿里博客上“一炮走红”。

在2008年8月1日，我发表了这篇名为《一个穷苦大学毕业生的艰辛创业路》的文章。文章发表后，我满怀期待，以为能被推荐到头条位置或黄金屏位置。但是遗憾的是，文章在当天并没有被推荐上去，因此流量非常低。在第三天的时候，我实在忍不住了，就主动联系了当时的博客管理员陈彪，请求他推荐我的文章。我的请求取得了效果，在8月4日，《一个穷苦大学毕业生的艰辛创业路》被推荐上了黄金屏位置，一天之内就增加了好几千流量。就在当天，有好几个人来咨询我当时正在推广的多媒体音效键盘。虽然仅仅是询盘，没有下订单，但是已经让我信心倍增，更加坚定了我坚持做博客营销的决心。

在此我想说明一下，那段时间阿里巴巴对敏感词查得甚严，我的博客域名也不幸被列入敏感词，导致我总是无法顺利登录博客。5天的时间，那个博客的流量已经达到15000，但是为了博客的长远发展，我忍痛割爱，毅然放弃了那个博客，而启用了一个新的博客。我把在前面那个博客上发表的十几篇文章都转移到了新的博客上。

所以，一直以来我都把8月5日当成我在阿里巴巴上正式写博客的纪念日。

多媒体音效键盘的项目没有做下去，因为那个同事后来去了东莞。于是我苦苦探寻、思索新的创业项目。

2008年8月14日，我忽然灵光一闪，想到了SEO。一刹那间我感觉很激动，直觉上我认为做SEO会有很好的前景。于是在8月15日，我开始行动起来，把博客上原来的广告都撤掉了，换上了SEO的广告。

为了大力宣传推广我的SEO业务，从8月22日起，我开始在博客上连载《SEO一定能帮你赚到钱》。这些系列文章瞬间火爆起来。正是这些系列文章为我带来了源源不断的学员和客户。

这些年来，我见证了许许多多来来去去的博主，包括那些曾经在博客上风光无限的“名人”。但是，他们绝大多数都退出了，博客不再有任何的更新。还留下我，坚守在此。

我的博客的主题是SEO。可以毫不夸张地说，没有SEO和博客，就没有我的今天；没有SEO和博客，我可能一事无成；没有SEO和博客，我可能早就回到老家，但是我不清楚我会在老家干什么。总之，我无法想象，如果没有SEO和博客，我现在会是一个什么样的人。但是可以肯定的是，如果没有SEO和博客，我很有可能还是一个穷困潦倒的人。

在很长一段时间里，我感觉上帝把所有的门都关闭了。但是，上帝终究还是为我留了一扇窗，这扇窗就是SEO和博客。我由此找到了光明，找到了新生。我充满了感激。我感谢马云，感谢阿里巴巴。我感谢这些年来阿里博客的历任管理员，他们总是不遗余力地推荐我的文章上首页，我的博客访问量大多数都是通过他们的首页推荐得来的。

当然，我还要感谢自己，庆幸自己有着强大的执行力和坚持力。因为如果自己没有强大的执行力和坚持力，别人提供再多的帮助也无济于事。

我真的想告诉所有的朋友：认准一件事，踏踏实实地坚持做下去，几年后必定有所成就，必定改善生活，甚至改变命运。

所以，请锻炼自己的执行力和坚持力。

我曾经发过一条这样的微博："上天没有给我俊朗的外形和潇洒的举止，但给了我一颗正直善良的心、比较聪明的大脑、坚持不懈的毅力、不断探索创新的勇气。我觉得，上天对我是公平的。"

上天对每个人都是公平的。我们要相信这一点。时间流逝得非常快，我们无法阻止时间的流逝，我们唯一能做的，就是过好每一天。

4.15 博客定位：你把自己当成一个什么样的人

做好博客营销的第一步是对博客进行定位。博客是定位为企业博客还是个人博客？对于阿里巴巴上无数的网商来说，你是一个个体的存在，因此，我建议你以个人的名义开通你的个人博客。

比如，我的个人博客名称就是“尹高洁的官方博客”。其实，我还在新浪、搜狐、网易、天涯等网站上开通了十几个博客，但那些博客都是我的附属博客，我在网络上最正式的博客就是我在阿里巴巴上开通的“尹高洁的官方博客”。

大家都是网商，而阿里博客是国内最大的商人博客，因此，我建议你把在阿里巴巴开通的博客定为你的官方博客，并大力宣传、推广自己的官方博客。

个人博客属于自媒体。在自媒体时代，个人的品牌影响力可以超越很多的企业品牌（产品品牌）影响力。通过自媒体打造知名的个人品牌，这是一辈子用之不竭的财富。

在开通个人博客之前，你一定要想清楚：你把自己当成一个什么样的人。

如果你现在就是公司一个普普通通的销售员，那么，你通过在博客上坚持写作各种商业文字，让你的潜在客户了解你的现状，了解你的优点、缺点、能力、思想、理念、精神，让你的形象在潜在客户面前立体地树立起来，让大家看到一个真实的、丰满的、生动的你。当大家通过你的博客了解了你的方方面面，很多的潜在客户自然就会发来有效的询盘甚至直接下订单，实现最后的成交。

如果你现在就是一个普通的个人创业者，你还没有合作伙伴，还在孤军奋战。那么，你就要明明白白地在博客上告诉大家你的梦想、苦恼、困惑，你的自强不息、百折不挠。你要在大家面前塑造一个有血有肉、敢于梦想和闯荡的形象。你一定要相信，会有很多人通过你的博客默默地关注你，很多人会在适当的时机站出来帮助你，帮助你去实现你的那些梦想。

如果你现在就是一个公司的创始人或总经理，那么你可以在博客里分享你的创业经历、营销技巧、管理经验。对于很多人来说，你已经相对成功了，人们需要你的励志分享和经验分享。你要不断地向大家提供你身上、思想上那些可贵的价值。塑造创业成功的形象，将会有很多高端的资源向你靠拢，你会因此更加成功。

如果你本就是某个领域的精英，但现在还没有多少人知道你。你需要通过博客不断地分享你在行业里的技能经验，传递你身上的正能量。你要帮助那些缺乏经验的后来人，通过他们的口碑传播扩大你在那个领域的影响力。只有当你成为那个领域的明星专家了，更多的客户才会慕名而来，你获得的资源和收入自然就会水涨船高。

不管你现在的职业是什么，不管你现在的身份是什么，只要通过个人博客不断地分享价值，你终有一天会被很多人承认，你的个人品牌终究会像旗帜一样在风中猎猎作响。而个人品牌的建立所带来的，将是你以前所不敢想象的成功。

4.16 写博客的人比不写博客的人多出67%的业绩

有篇文章曾指出，“B2B领域中经常写博客的营销人员，每个月比那些不写博客的营销人员多出67%的业绩”（来自Inside View）。

我不知道67%的数据是怎么统计出来的，估计是一个抽样调查。但是对于营销人员来说，经常写博客比不写博客的业绩好，这是可以肯定的。

我在为深圳的一家企业做网络营销内部培训的时候，曾做过调查：公司一共有8名销售员，其中两名经常写博客，而正是这两名销售员的业绩长期名列前茅。其他销售员知道他们俩的“营销秘诀”后也尝试过写博客，但无奈实在无法坚持下去，只能看着那两名同事每个月比他们多拿高得多的佣金。

写博客看似是一件低门槛的事，每个人都可以轻松开通博客写几篇文章，但是博客营销的精髓在于“长期坚持”。“长期坚持”成为一个高门槛，无数的人在这个高门槛前退缩。于是，能够长期坚持的人，写博客成了他们的核心竞争力，让他们脱颖而出，成为众人瞩目的销售明星。

我从2008年9月开办第1期SEO培训班以来，每一期我都呼吁学员们坚持写博客。这几年来我自己也一直在坚持写博客，一方面固然是因为博客营销的效果的确相当好，另一方面也是为了以身作则。可惜的是，能够坚持下来的人寥寥无几。

博客在网络营销中起到什么作用呢？信任的作用。

做网络营销最精准的客户，其实是来自百度、谷歌等搜索引擎（当然，阿里巴巴、淘宝、天猫等购物网站都有自己内部的搜索引擎），关键词在搜索引擎里排名靠前就能获得更多的曝光率，这就是SEO带来的效果。然而，SEO并不能解决提高成交率的问题。这就是为什么很多人的网站上的关键词在搜索引擎里排名靠前了，仍然没有获得优质的询盘和订单。而这个时候，博客成为提高询盘率和成交率的一个非常重要的途径。

我们第一步把SEO做好之后，第二步要把博客做好，把来自搜索引擎的访客引导到博客里来，让访客先多看博客里的文章，访客看了博客之后，会对产品以及产品之外的“人品”有着更加深刻的认识和了解，信任感加强了，访客的询盘率和成交率自然就会相应提升。

如果没有SEO，我们的产品就没有最精准的客户来源。

如果没有博客，我们的产品就缺乏人性和情感的内涵。

无论是SEO还是博客，我们都要长期坚持去做。这两者都会考验你的耐心，尤其是博客。如果你对写作不感兴趣，强迫着去写，那几乎没法坚持下去。

而喜欢写作的人，如果你还是一名营销人员，那么请你一定要坚持下去。沿路都是旖旎的风光，那种感觉是不能坚持写博客的人所无法体会的。

4.17 打造“自愿付费阅读”的博客盈利模式

目前，我的博客已经实现了从“自由免费阅读”模式向“自愿付费阅读”模式的转变。

所谓“自由免费阅读”模式，是指任何人阅读我的博客都是自由免费的。

所谓“自愿付费阅读”模式，是指当你阅读了我的博客之后，觉得对你有很大的启发和帮助，为了回馈我的智力劳动，自愿付费。

1. 为什么我的博客采取“自愿付费阅读”模式呢？

（1）探索新的盈利模式。

我是一个创业人士，不断探索新的盈利模式是我的生存之道，也反映出我的商业智慧。我相信只要你是一个喜欢创新的商业人士，就一定会认同我的这种行为。

（2）传播“学会付出”的价值理念。

中国人一直以来喜欢“免费”，任何东西都希望免费得到。这种“希望免费得到”的观念在商业生活中腐蚀、侵害了很多人。喜欢免费得到东西的人，获得事业成功的概率将远远低于喜欢付出得到东西的人。

你得到任何一件东西，其实都不是想得到它本身，而是想得到它带来的结果和价值。当你为某个东西付费，此时你所得到的结果和价值，将远远超出你免费得到的结果和价值。

所以，在商业生活中，你应该学会付出。当你把“学会付出”变成你的思维习惯，你将很快走向成功，或取得更大的成功。因为，你一直将“付出”作为你做人的基点，别人都会看在眼里，这带来的无形价值将是极其巨大的。

基于以上两点考虑，我的博客采取“自愿付费阅读”模式：如果你认可我探索新的盈利模式的姿态，如果你认为我的博客给了你巨大的启发和帮助，你可以付费阅读。

2. 为什么我的博客值得让你付费？

（1）无与伦比的价值。

我的博客里有数百篇博文，每一篇都是我的心血之作，都是我付出了极大的脑力劳动写出来的。我的博客给所有从事网络营销推广的网商提供了许多干货，这些干货都具有无与伦比的价值。我相信，无数的网商朋友从我的博客里学到的知识和技巧，早已为他们创造出许多的金钱，改善了他们的工作和生活状态。

（2）不忍释卷的魅力。

无数的网商朋友反复地阅读我的博客，从中汲取营养。我的博客除了具有无与伦比的价值之外，还具有人性、情感的魅力。这让无数的网商朋友不忍释卷。

（3）无可置疑的影响力。

在阿里社区上，以影响力而论，我的博客可以排名前三。我的博客具有庞大的访问量和人气、一呼百应的影响力、良好的口碑传播力以及强大的营销能力，这些在阿里社区都是有目共睹的。

4.18 淘宝店主们，社会化媒体是你们的最后机会

马云早在几年前就提出，淘宝要实现SNS化（社会化、社区化）。但是令人失望的是，淘宝的SNS化一直不温不火，远低于人们的预期。自从淘宝与新浪微博合作之后，淘宝的SNS化才始见曙光。

为什么马云要求淘宝实现SNS化呢？因为马云深知，只有搭建卖家与顾客之间的社区粉丝平台，才能最大程度地黏住顾客，促使顾客在与卖家的情感互动交流中提高成交率。

我们不得不承认一个事实：相对于几年前，淘宝已经越来越不好做了。不仅许多小卖家做不下去，连许多皇冠卖家也纷纷撤离。原因何在？第一，卖家越来越多，价格竞争越来越激烈，无利可盈；第二，天猫一出，把大部分自然搜索流量从源头截走，淘宝卖家只能分得极少的自然搜索流量。

流量对淘宝卖家来说就是生命线，没有流量就没有销量。无

可置疑，最有效的流量是来自于淘宝内部的搜索流量。这个搜索流量包括两个部分：一个是店铺上的关键词在淘宝内部搜索引擎上排名靠前，从而获得自然免费的搜索流量；另一个是直通车，通过付费的方式，快速地把店铺上的关键词排到搜索引擎的前页，从而截住、导入流量。

很显然，大部分小卖家没有足够的资金去做直通车，就只能寄希望于免费的自然流量。但是，天猫和直通车从源头上把大部分流量截住了，分配到淘宝店铺里的搜索流量就相当少了。

现在很多人在学习淘宝SEO，是希望通过内部SEO的方式，使自己店铺上的关键词能尽量在搜索引擎里排名靠前。淘宝SEO的确有一定的作用，但是绝大多数淘宝店主由于信息不畅或其他原因，根本没有学习淘宝SEO。很多淘宝店主即使学了，一时半会儿也感受不到比较显著的效果。

淘宝SEO当然要学，学好了，能给店铺带去更多免费的自然搜索流量。但是，你的目光不能仅局限于通过SEO带来少得可怜的内部自然搜索流量，还应该投放更多的时间和精力去做社会化媒体品牌营销。

什么是社会化媒体呢？社会化媒体也叫社交媒体（Social Media），指允许人们撰写、分享、评价、讨论、相互沟通的网站和技术。社交媒体是指大批网民自发贡献、提取、创造和传播新闻资讯的过程。

社会化媒体，包括微博、博客、论坛、QQ空间、SNS、播客、微信等平台。社会化媒体最大的特点是自由传播、互动交流。在社会化媒体上，总会有一部分最活跃的人物成为万众瞩目的焦点，这些人物利用他们能够引起大家兴趣的话题，激起共鸣，引导舆论，从而树立自己的品牌。当这些活跃人物具有了公众人物的品牌特质，他们的背后就会源源不断地跟随越来越多的粉丝。如果这些活跃人物是商家，他们的话语能让跟随在他们背后的粉丝快速并重复地购买他们的产品。

所以，社会化媒体的营销价值在于：它会批量地塑造许多具有个人品牌的网络公众人物，然后通过他们的独特话语，把众多的粉丝转化为他们的成交客户。

这些成交客户与具有个人品牌的网络公众人物之间，已经不是传统意义上的单纯的交易关系，而成为“粉丝”与“明星”的关系。粉丝对明星和明星店铺里的产品的忠诚度，远远高于对一般商家店铺的忠诚度。对于很多粉丝来说，他们购买明星的产品，不是单纯意义上的购买，而是出于情感意义上的共鸣和依赖。

毋庸置疑，社会化媒体已经成为除搜索引擎外最大的网络营销阵地。它显示出一种气吞山河的气魄，如同滔滔江水滚滚席卷而来。它承载的是互动交流当中的品牌推广任务，对于电子商务的影响力比任何营销工具和技能都大。

因此，在当前绝大部分淘宝店铺自然搜索流量严重下降的情况下，社会化媒体可以通过软文的撰写和品牌的塑造为淘宝店铺带去庞大的外部流量，这些外部流量一定可以远远超过淘宝内部自然搜索流量并且转化率极高。

我完全看好淘宝和新浪微博全面合作的光明前景，相信这对广大的淘宝店主来说，是一次极为有利的机会。但是，仅仅利用新浪微博吸引外部流量是远远不够的。你最好全面使用微博、微信、博客、论坛、QQ空间、SNS等社会化媒体工具来推广你的淘宝店铺。

可能很多人会说，哪有那么多时间和精力做那么多工具，又怎么能保证都可以做好。我可以告诉你的是：我一个人就使用了上述所有工具，只不过我侧重于使用博客、论坛、QQ空间、微博。你只要系统地学习社会化媒体品牌营销，科学、合理地安排时间，就一定能把社会化媒体做好，从而给你的淘宝店铺带去庞大的流量以及忠诚的粉丝顾客。

淘宝已经越来越难做了，尤其对于缺少资金的新手来说，要从零做到皇冠，那将是一条漫长而艰难的道路。面对着自然搜索流量的日益下降，社会化媒体将是你成功的最后机会。一旦你错失这个机会，就可以彻底告别淘宝，去寻找其他的创业项目了。

| 4.19 | 提高转化率，要如何把SEO和自媒体结合起来

传统的SEO操作者可能多半把精力放在独立网站上，费尽心思把独立网站上的主关键词优化到百度或谷歌第一页，就算大功告成，可是他们忽略了一个关键点：转化率。任何企业网站（或网店）都必须以流量的转化率为最后标准，而提高转化率的最好途径就是把SEO跟自媒体结合起来。

一言以蔽之：SEO带来意向流量，自媒体增加信任，带来高转化率。

我们通常所说的自媒体主要包括：博客、微博、QQ空间、微信、贴吧、视频等。

2008年8月，我在阿里巴巴上开通了一个博客，多年来坚持不懈地写作，至今累计发布了1000多篇原创文章，总访问流量近

800万。可以说，早在2008年我就是一个博客自媒体人。

后来，我又先后开通了QQ空间、微博、微信，由此建立了一个“博客+QQ空间+微博+微信”的自媒体矩阵平台。在这个自媒体矩阵平台上，我几乎每天都要发布原创的文字。

我自创了“SEO独孤九剑”：阿里SEO+独立网站SEO+博客SEO+论坛SEO+B2BSEO+问答SEO+文库SEO+视频SEO+微博SEO。我在这9个平台上都设置了大量的关键词，这些关键词经过我的SEO，在百度、360、搜狗等搜索引擎上有着很好的排名。

通过SEO做好关键词的自然排名，确实可以带来不错的客户询盘和订单。同时，如果你做好了SEO，又有着自媒体做支撑，那转化率可以提高10倍以上。

为什么呢？

因为自媒体里有你的原创文字。潜在客户通过关键词搜索进入你的自媒体平台后，他们反复地阅读你的文字，就会对你产生极大的信任感，信任感一旦建立起来，转化率就会相当高。

如果我只有一个独立网站，只做了独立网站SEO而没有做自媒体，我绝不可能取得今日的成绩。

SEO+自媒体，让我这样一个居无定所的穷屌丝能够在短时间内在深圳这样的一线大城市买上房子，开起公司，从此以后彻底改变了我的命运。

要如何把SEO和自媒体结合起来呢？

（1）根据我所讲解的方法，将搜集到的几百个、几千个甚至上万个长尾关键词设置到9个平台上，让关键词信息全面占领百度、360、搜狗前十页。

（2）至少开通博客、QQ空间和微信这3个自媒体平台，把搜索流量全部导入到这3个平台当中。

只要做好这两点，客户订单自然会源源不断地涌来，你将永远不缺客户。

| 4.20 | 打造强势自媒体，每个月认识一个知名自媒体人

当今时代自媒体高速发展，通过自媒体打造个人品牌，探索最适合自己的盈利模式，赚到真金白银，已经成为许多自媒体人的目标。

正所谓大浪淘沙始见金，根据以往的经验，时间和市场会淘汰绝大多数想通过自媒体赚钱的人。这是因为：第一，通过自媒体打造个人品牌要求长期坚持写作或制作视频（音频），单这一点就会让99%的人自动退却；第二，即使有的人能够长期坚持写作或制作视频（音频），但是如果你没有通过自媒体赚到真金白银，迟早也会因自媒体无法变现而主动放弃。所以，自媒体的未来是属于那些既能够长期坚持写作或制作视频（音频），又能很快找到适合自己的盈利模式的人。

自媒体人最大的缺点就是固守在自己的个人世界里，缺少与外界的交流与沟通。这是自媒体人的性格特征决定的。因为自媒体人大多数能写得一手好文章，而能写得一手好文章的人又大多孤芳自赏、孤僻自傲、瞧不起别人，总以为老子天下第一。大多数自媒体人能写文章，但是缺乏把文章推广出去的能力，也就是说，他发布文章的网络自媒体平台（博客、微博、QQ空间、微信等）没有多少访问量，也没有多少粉丝。

做自媒体，如果访问量不高，粉丝不多，那发展就无从谈起。我曾经看到过很多常年坚持在博客上写文章的人，文章的数量有好几百篇，但是博客总访问量连10万都不到，这只能算是一个自娱自乐的自媒体，谈不上任何商业模式的发展了。真正的自媒体，在提供高质量的内容的基础上，必须拥有很高的访问量，同时有着清晰的商业盈利模式。

要打造一个强势的自媒体，最好的思路就是“走出去”。走出去，认识更多同样在做自媒体的人，并且要认识那些已经有很高的访问量和影响力的知名自媒体人。彼此之间成为朋友，相互分享、推荐文章，把他们的粉丝发展成自己的粉丝，同时也把自己的粉丝发展成他们的粉丝。

更好的思路就是发起“自媒体人联盟”。把网络上知名的自媒体人组织起来，建立一个联盟，并制定一定的规章制度。规定每个成员必须在自己的自媒体平台里分享所有成员的文章，实现流量和粉丝的互通。通过这样互相借力，你的自媒体很快就会强势发展起来。

但是，要如何才能结识那些有很高访问量和影响力的知名自媒体人呢？要知道，但凡拥有了很高访问量和影响力的自媒体人，大多比较清高，不屑于跟不知名的普通写手做深入交流，也就很难彼此之间成为朋友。

根据我的经验，可以有如下几种途径去结识知名自媒体人：

1. 主动付费。

很多知名的自媒体人都有自己的产品在销售，你如果购买了他的产品，那你就能成为他的客户，他对客户肯定会很热情，你们很容易成为朋友。

比如，国内最知名的自媒体人之一——懂懂，他的QQ空间每天发表一篇文章，读他的文章已经成为我的日常习惯。一直以来我就很想结识他，但冒昧搭讪又怕他不予理睬。有一次看到他推出“付费阅读日志”，120元/年。120元就能认识一个知名的自媒体人，实在是太划算了。为了表达我的诚意，我立刻支付了240元到他的支付宝账户。他对我表示了感谢。有一次，我希望他介绍另一个比较知名的自媒体人给我认识，他很快就把那个人的QQ号码发给了我。

再比如我自己。我从2008年8月开始经营博客，八九年过去了，在网络上也算是一个比较知名的自媒体人了。很多人想认识我，在QQ上跟我搭讪，说实话，很多时候我也是爱理不理的。我是一个SEO培训师，我的主营项目之一就是SEO培训，这个培训是收费的。很多人选择付费参加我的SEO培训，成为我的学员，自然就结识了我。我对待学员和非学员的态度是截然不同的。道理很简单，我肯定得对我的衣食父母态度好点。所谓知无不言，言无不尽，你提的任何问题，只要我能解答的，我肯定解答。你要结识什么人，只要我认识，我一定积极地为你牵线。你需要什么创业项目，跟我说一声，只要我手里有信息，我也一定第一时间为你寻找。因为我的自媒体流量和影响大，我只要推荐了你，通常会给你带来很多流量。我很愿意去帮助那些付费的学员。举个例子：我有一个SEO学员叫李欣颖，我看到她写的日记很好，便顺手帮忙分享了一下，并简单写了几句点评，当天就给她的QQ空间带去不菲的流量。

很多人都意识到结识我的意义所在，所以即使他以前学过SEO，也愿意付费到我这里来参加一次SEO培训，他倒不是为了学习SEO，就单纯是为了结识我，因为他知道，结识我之后可能会有很多的合作机会和空间。比如有一个做红酒的企业老板仅仅是为了认识我，就付费成为我的学员，后来，我们有过多次友好的合作，我每次发起聚会活动都能给他带去几十人的客流量，我会在我的自媒体平台里积极宣传他的公司，为提升他公司的品牌做免费宣传。

这就是人性。没有一个知名的自媒体人会拒绝客户的付费。每个知名的自媒体人都是有价格的，只要支付费用，就可以立刻认识他。

2. 主动投稿。

有些知名自媒体人的博客接受外部的投稿，比如月光博客、卢松松博客。这些知名自媒体人都拥有庞大的流量和粉丝，你可以向他们的博客投稿。一旦你的文章被他们的博客采纳，就能给你带来粉丝。

比如，我就经常向卢松松博客投稿。卢松松博客采纳外部文章的标准，就是高质量。我的文章被卢松松博客采用发表的概率还比较高，只要在发表的每一篇文章后面留下自己的博客链接，卢松松博客上的一些粉丝就会循迹而来。更重要的是，我通过不断地在卢松松博客上发表文章，让卢松松对我表示了认可。

在一个资源整合的时代里，卢松松博客的影响力再大，也需要寻求庞大的外部合作才能更好地发展自己。所以他同样渴望与有实力的自媒体人合作。我的博客如今访问量有将近800万，另外我在微博、QQ空间、微信等平台都有固定的流量和粉丝，但是我一个人的力量还是太微弱了，我希望结识更多比我实力更强大的人，共谋发展。

3. 主动认识。

如果我遇到一个知名的自媒体人，发现他既没有产品销售，也不接受外部投稿，那么我会在合适的时候去主动认识他。应该说，我认识一些知名的自媒体人还是比较容易的，很多知名的自媒体人会比较积极地回应我，因为我自己的自媒体也做得很好。我只要亮出我的博客，对方会马上认识到我的实力，而实力相当的人往往会“英雄惜英雄”，彼此之间马上产生吸引力。

如果你是一个还不知名的自媒体人，就更应该积极结识那些知名的自媒体人了。你要学会利用那些知名的自媒体人，帮助你更快地达成某个目的，获得更好的发展。如果你只想单打独斗，凭借一个人的力量去发展，那么很显然速度会非常慢。

给自己定一个任务：每个月结识一个知名的自媒体人，那么一年下来你就能结识12个知名的自媒体人。你只要能充分地利用好这12个自媒体人，无论你是自己做自媒体，还是做其他的项目，都能获得比以前快得多的发展速度。因为那些知名的自媒体人手里掌握着庞大的流量、粉丝以及强大的影响力。

|4.21| 阿里巴巴的自媒体平台建设探索之拙见

在腾讯和百度相继推出自己的自媒体平台“腾讯大家”和“百度百家”并取得极大的反响之后，同为国内互联网三巨头之一的阿里巴巴在自媒体平台建设方面似乎没有任何跟进的反应。

腾讯大家的模式类似于传统纸媒，即以高额的稿费向国内知名的作家约稿，作家的知名度越高，稿酬越丰厚。

百度百家的模式更加“互联网化”，同样是向国内知名的自媒体作家约稿，但付酬方式却是按效果付费。百度直接在自媒体作家的文章页面投放广告，所得广告收入100%归作家所有。

显然，百度百家的模式对自媒体人来说更加具有激励效果。并且，百度百家也树立起了它的标杆式人物，即中国媒体业新锐人物、“80后”概念制造者程苓峰。据称，程苓峰在百度百家半个月就发表了9篇文章，入账广告费3万元。

仔细观察腾讯大家和百度百家的专栏文章，单篇访问流量大多超过1万，有的文章访问流量甚至超过10万。这些流量绝大部分并不是来自自媒体人的铁杆粉丝的主动访问，而是来自腾讯和百度的重点推荐。尤其对于百度百家的自媒体作家来说，文章访问流量越高，他的广告收入就会越高，这些广告收入说白了就是百度无偿赠与的。

为什么腾讯和百度愿意投入巨资来扶持国内自媒体作家在他们的自媒体平台上发表文章呢？

（1）“自媒体”将发展成为一个全新的商业模式，腾讯和百度完全可以整合各自自媒体平台上的内容，打通出版、影视、游戏等各条文化产业链，获得更加广阔的商业发展空间。

（2）腾讯和百度通过自媒体平台的建设笼络知名自媒体人，相当于“招安”众多领域的意见领袖。这些在腾讯、百度的自媒体平台上发表文章的自媒体人，即便以后不为它们说好话，至少也不会说它们的坏话。这是从源头上控制“话语权”，提前进行危机公关。

阿里巴巴作为与腾讯、百度三足鼎峙的互联网巨头，切不可错过自媒体这个风口。其实，如果阿里巴巴要做一个有特色的自媒体平台，毫无疑问比腾讯和百度更有优势。

（1）阿里巴巴中文社区聚集了一批高质量的电子商务软文写手，虽然这些写手并不是专业的自媒体人，而大多是中小企业的普通职员，但是他们都有成为自媒体人的潜质；

（2）阿里巴巴有着与腾讯、百度相匹敌的巨大流量，能够给自媒体人的文章带去庞大的访问流量；

（3）阿里巴巴完善的电子商务生态系统能让自媒体人获得不菲的各种形态的高额收入。

那么，阿里巴巴可以建立一个什么样的区别于腾讯大家和百度百家的自媒体平台呢？如下内容是我个人的思考与探索，未必成熟，仅供阿里巴巴高层参考。

（1）自媒体邀请制：阿里巴巴可以首先向腾讯大家和百度百家学习，在阿里巴巴中文社区开辟一个自媒体平台，前期采取邀请制。邀请国内IT、电子商务领域的知名自媒体作家以及在阿里巴巴中文社区上的知名写手入驻这个平台，对这些自媒体作家的文章进行重点推荐，给予大流量的输入（这个极其重要）。

（2）分成模式：可以综合采取两种模式，一种是现有的淘宝客模式，另一种是大广告主的广告分销投放模式。淘宝客模式，即由作者在自已文章页面选择投放高比例佣金的文字广告或图片广告，访客点击进入购买后产生交易，佣金自动进入作者的支付宝账户；大广告主的广告分销投放模式，即由阿里巴巴的管理员根据文章的内容，自主选择在文章页面投放大广告主的文字广告或图片广告，把广告主一定比例的广告费按访问流量的高低给予发放。

（3）博客、微博、支付宝的互通。阿里巴巴拥有中国最大的商人博客——阿里博客、中国最大的微博——新浪微博以及中国最大的移动支付平台——支付宝，它完全可以凭借雄厚的技术实力贯通这三个平台，创造更加新型的自媒体平台，这样也可以给自媒体人带来更多的收入，更能刺激、激励自媒体人的写作热情。

（4）树立收入新标杆。百度百家已经树立了如程苓峰等自媒体作家月入3万元的标杆，阿里巴巴可以急起直追，如能树立月入5万元甚至10万元的新标杆，那无疑将在中国自媒体行业引发核弹爆炸般的狂飙效应，阿里巴巴完全可以趁势更快地在自媒体上找到新的商业模式。

4.22 微信SEO：移动社群营销+移动搜索营销最完美的利器

很多中小企业现在已经意识到了微信营销的重要性，也纷纷试水微信营销。他们最苦恼的不是如何加粉丝，而是如何寻找到最精准的意向客户，并且那些精准的意向客户最好是主动找上门来的。

有这样的方法吗？当然有！这就是本节我们要谈到的“微信SEO”。

微信营销属于移动社群营销；SEO则属于搜索营销。相对于微信来说，SEO是一种比较传统的网络推广方式。

SEO是中小企业进行网络推广的利器，它最大的优势在于把关键词优化到搜索引擎的前几页，带来精准的意向客户。在PC互联网时代，SEO主要针对的是百度。只要把关键词优化到了百度的第一页，就不愁没有意向客户主动找上门来。经过多年口碑相传，SEO已经为广大中小企业所认同和喜欢。

微信营销是目前最火的移动网络营销方式，它利用原创文字、视频、音频的传播积累粉丝，通过跟粉丝的互动，增加粉丝对卖家品牌和产品的认知和信任，从而提高产品购买的转化率。

由于粉丝量是微信营销的基础之一，因此很多中小企业拼命地加粉丝。但是到头来却发现，粉丝多了，转化率却并不高。这是什么原因呢？最根本的原因就是，加的粉丝并非精准粉丝。而微信SEO带来的就是精准的意向客户。

微信也有SEO吗？有的。百度是搜索引擎，所以有百度SEO；淘宝有内部搜索引擎，所以有淘宝SEO……凡是有搜索引擎存在的地方，就会有SEO。

微信搜索引擎，指的是公众微信SEO。大家亲自来操作一下：拿出手机，打开微信——点击“通讯录”——点击“公众号”——点击右上角的“+”——在搜索引擎随便输入一个关键词：面膜。

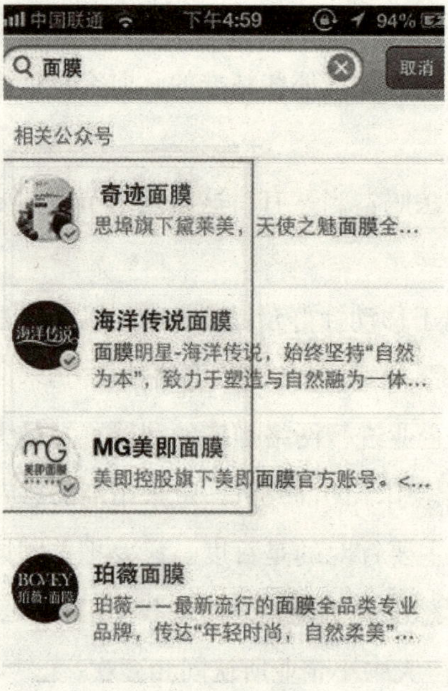

图4.2 面膜排名

如上图4.2所示，排在前3名的分别是“奇迹面膜”“海洋传说面膜”“MG美即面膜”。每天都会有成百上千的用户在微信上搜索“面膜”这个关键词。如果你也是经营面膜产品的，你的面膜关键词能排在微信搜索引擎的前3名或者排在第1页，那么每天自然会有很多人主动找你买面膜。

不管经营什么产品，如果产品关键词能排在微信搜索引擎的前3名或者排在第1页，那么每天自然会有很多人主动购买你的产品，根本不需要到处去推广。

当然，那些通过微信搜索引擎找到你的粉丝，不可能100%成为成交客户。那么，要如何才能提高成交率呢？其实很简单，微信恰恰是一个最容易增强粉丝信任感的工具。当粉丝关注了你的微信公众号之后，你要把他导入到你的私人微信号里面。作为微信公众号和私人微信号的运营者，你可能会经常在微信里发布原创的文字（或视频、音频）。粉丝长期关注了你那些原创的文字（或视频、音频），他们总有一天会因为信任你而来购买你的产品。

这就是微信SEO，也就是移动社群营销+移动搜索营销的完美结合。

微信SEO最神奇的地方就在于：①粉丝都会主动来加你，而不是你去加粉丝；②凡是通过微信SEO加你的粉丝，都是精准客户，都是带着购买的意向来加你的，并且他们在长期关注你之后还会对你产生信任感，所以成交率一般是最高的。

正如百度SEO刚刚出来的时候，利用百度SEO来推销产品的很多中小企业都获得了成功。现在微信SEO方兴未艾，这对于广大的中小企业来说，无疑是一个巨大的机会。

所有的机会，都在一开始，能不能把握就看你自己。

| 4.23 | 中小独立B2C商城网站的运营之道

我有好些SEO学员是中小企业老板，他们没有去淘宝或天猫开店而是运营着独立的B2C商城网站。其中有的做得风生水起，有的做得半死不活，有的早已关门大吉。

如何运营好独立的B2C商城网站呢？我有以下几个思路供大家参考。

1. 进行SEO，从百度获取海量的长尾流量。

独立B2C商城网站的SEO跟普通的企业官方网站的SEO策略是不同的。普通的企业官方网站只有几个、十几个页面，通常只在网站首页设置3～5个最重要的关键词，并对这3～5个关键词进行SEO，如果能使得这3～5个关键词在百度上排名靠前，就是成功的。这3～5个关键词通常每天只能带来100个以内的IP流量。

而独立的B2C商城网站对流量的要求极高，它需要海量的流量（几千、几万、十几万、几十万个IP流量），如果仅仅靠首页的3～5个重要关键词，显然无法带来足够的流量，也就无法提升足够的销量。由于独立B2C商城网站包含海量的产品信息，我们假设你的商城包含10万条产品信息，如果每条信息每天从百度获取1个IP流量，那么每天就能从百度获取10万个IP流量。

商城的每个页面都对应着一个title，title里包含着产品关键词。商城的SEO优化人员要针对每个页面进行SEO：从客户搜索心理的角度设计好每个title的长尾关键词，并对页面做好用户体验结构布局和关键词布局，页面与页面之间做好内链。并且一定要多做优质的原创内容和外链，提高商城的权重，让商城的大部分页面都能被百度收录。

给商城做好SEO，能从百度带来海量的自然流量，这些流量都是免费的。我不建议中小独立商城做百度付费竞价广告，高额的广告费用可能一时会提升销售额，却不会带来实际的利润增长。对中小企业来说，宁可步子慢点，也要实现阶段盈利和整体盈利。不盈利，就只有死路一条。把节省下来的广告费用花在请一两个SEO高手员工身上更加划算。

2. 进行社会化媒体的品牌互动宣传推广。

如果一个独立商城仅仅是一个简单的售卖产品的网站，那么，这样的网站既无法提高购买转化率，也很难实现长期的品牌效应。社会化媒体将帮助中小独立商城加快提升品牌的建设和升级。

社会化媒体包括博客、论坛、视频、SNS、QQ空间、微博、微信等互动网络工具。中小企业通过社会化媒体的全面运作，可以把商城的品牌文化快速地传播出去，从而获得海量用户的情感认可。当这种情感认可一旦建立起来，商城的购买转化率就会成倍提高，商城也将因此进入良性的高速发展之道。

中小商城的负责人必须对社会化媒体的每一个网络工具加以重视。

（1）博客：同时注册阿里巴巴、新浪、搜狐、网易、凤凰、天涯等十几个知名网站的博客，聘请写手坚持写软文。

（2）论坛：同时注册阿里巴巴、新浪、搜狐、网易、天涯等几十个论坛，把软文同步更新到所有的论坛上，并策划炒作热门话题。

（3）视频：每个月拍摄一条有创意的视频，在优酷、土豆、酷6、56网等知名视频网站上播放。

（4）SNS：同时注册人人网、朋友网、豆瓣、百度贴吧等知名SNS，投放软文。

（5）QQ空间：每个员工都要利用QQ空间发布软文和说说，实现品牌在QQ空间里的病毒式扩散。

（6）微博：同时注册新浪微博、腾讯微博，并同步更新微博信息，积极进行碎片情感传播。

（7）微信：同时注册腾讯微信、网易易信、腾讯微视、陌陌等移动营销工具，快速抢占移动端客户。

3. 进行大数据库的建立和维护。

一个独立商城最核心的地方就是大数据库。很多独立商城虽然有流量，但是因为忽视了大数据库的建立和维护，所以购买转化率和后续购买率极低。

独立商城可以借用微博、微信等第三方平台建立数据库，但从根本上来说，对第三方平台的依赖会导致以后受制于人。因此，独立商城应该建立自己的大数据库，为所有客户建立详细的数据资料，才能获得长远的发展。

大数据库的建立和维护，对于商城的人员、技术的要求很高。所以，中小企业应该在硬件、软件方面做好充足的准备。

4. 分销系统的建立。

中小独立商城由于资金不充裕，完全依靠自己直接销售，发展会比较慢。因此，可以考虑建立全国范围内的分销系统，让更多的分销商来协助自己一起销售。

如何建立强大的分销系统呢？

（1）在独立商城上开辟一个分销频道，制定好分销商拿货价格，一定要保证分销商可以得到极大的利润分成。

（2）通过社会化媒体和报纸广告进行招商，严格审批分销商的资格，确保分销商的质量。

（3）建立专门的分销售后服务部，给分销商最好的培训以及服务保障。

（4）如果有条件，要建立完善的物流体系，确保分销商的客户能及时收到产品。

以上四点肯定不能全面概括一个独立B2C商城网站的所有运营之道，但却是最重要的四点：SEO从百度带来海量的免费流量；社会化媒体塑造情感品牌提高转化率；大数据库提升客户的后续购买率；分销系统是获得快速发展的成功商业模式。

4.24 小成本个人创业，运营独立商城不如开淘宝店

有个网友通过B2C独立商城来销售成人用品，经营了一段时间做不下去了，来问我怎么办。我说，从一开始你就不该通过独立商城来做，而应该通过淘宝来做。

对于小成本的个人创业者，为什么运营独立商城不如开淘宝店呢？

（1）独立商城对技术要求比较高，比较容易出现技术上的故障。虽然独立商城可以请网络公司来开发设计，但是不懂网站技术的运营者在出现技术问题时就只能去麻烦网络公司。

（2）独立商城对资金要求比较高。网络公司设计一个独立商城的报价通常都在一万元以上；独立商城在开始运营的时候需要比较大的虚拟空间，如果流量稍大，就需购买独立服务器，而

一台独立服务器的市场价最低都在两三万元。

（3）独立商城对流量的吸引力比较小。独立商城最主要的自然流量来自百度，运营者如果不懂SEO技术，则很难让商城从百度获取可观的自然流量。

（4）客户对独立商城的信任度比较低。现在的客户对天猫、淘宝以及一些知名的B2C独立商城（比如京东、当当、亚马逊、聚美优品等）已经有了足够的依赖感和信任感，客户通常很难相信一个不知名的独立商城。

新手开淘宝店的时代基本上已经过去了。我身边好几个做到了“皇冠”级别的淘宝店主朋友都已经放弃了淘宝，转行做其他项目去了。我个人对新手现在再来淘宝开店持比较悲观的态度。不排除现在仍有些“狠人”比一般人更聪明、更勤奋、更有执行力，以新手的身份快速在淘宝的红海市场里杀出一条血路，还真让他取得了成功。

对于小成本的个人创业者，如果非要做电子商务，非要在淘宝和独立商城之间选择一个平台创业，我建议还是选择淘宝。理由如下：

（1）淘宝保障了技术上的稳定。现在的淘宝网基本上不会出现技术故障，能保证网店稳定地运行。

（2）淘宝店能吸引天然的意向购买流量。淘宝内部流量的价值高于百度的流量价值。即使是一个新店，每天也或多或少能吸引一些自然流量，只要能做好店铺装修、淘宝SEO、淘宝数据库以及社会化媒体（博客、微博、微信等），就能提高流量的购买转化率。

（3）淘宝对资金的要求比较低。在前期基本上无须投入任何技术资金。

（4）退出更加灵活、自由。如果不想开淘宝店了，可以比较自由地停止经营；而独立商城要退出，前期很多的技术资金就打水漂了，浪费极大。

最后再回答一个老生常谈的问题：淘宝现在对新手来说还有机会吗?

我的回答是：对新手（个人创业者）来说，机会已经很小了，因为势头已经过去了。但是，对于曾经有过电子商务经验并且又有一定的资金储备，同时对创业有一股子狂热劲头的人来说，开淘宝店仍然有机会。

第5章

SEO+网络营销方法系列

在网络营销中我们需要用到很多方法，如利用图片、QQ群、邮件等进行营销，这些方法与SEO结合，将产生更大的能量。

本章内容主要包括：

- 如何将一些传统的营销方法与SEO结合
- 如何提高网店的用户流量
- 一些常用的SEO技巧或工具

| 5.1 | 怎么做图片病毒式营销

图片病毒式营销是病毒式营销的一种，这种方法我早在2007年年底的时候便开始运用了。

那时我还在深圳联合证券公司做证券经纪人。我做了一个股票论坛，起名叫QQ股票论坛，后来由于我离开了证券公司，不再做股票了，这个股票论坛也就关闭了。当时我用SEO的技术方法对这个论坛进行了优化，相关的关键词在百度、谷歌、搜狗、雅虎等搜索引擎上获得了很好的排名。这些关键词的优质排名为我带来了不少有效的客户询盘。

除了SEO之外，我还使用了其他多种方法，图片病毒式营销就是一个效果比较不错的方法。

大家有没有在QQ群里见到过这样的图片：一个小卡通人物举着一个牌子，牌子上写着网站的名字和域名。

凡是可爱的小卡通人物，大家一般都很喜爱，自己喜爱还不够，往往还会介绍给别人。这样一传十，十传百，就形成了声势浩大的病毒传播。个人网站站长通常对这种图片病毒式营销都非常精通。但是我的博客的读者大都是在网上做销售的网商，对于这种方法不一定熟悉。这种方法真的非常简单。下面，我给大家看看我当初针对自己的股票论坛做图片病毒式营销时所做的那张图片，如图5.1所示。

怎么样，感觉可爱吗？

图5.1 病毒式图片

我当时加了很多高级QQ群，群里人气都很高。当我把这张图片发到这些群里后，我基本不用管事了，因为我确信很多群成员都会因为喜爱这个小卡通人物而主动帮我转发到其他的群里去。我们来算一下，比如我加入了10个高级QQ群，每个群200人，那么10个高级QQ群就有2000人，这2000人每个人各自都有好几个群，这样转发就自然形成了病毒式的传播。所以，这个方法给我的股票论坛带来了很多流量和注册会员。

这里要注意一点：要针对精准的QQ群发送图片。比如我的网站是一个股票论坛，那么我所加的那些高级QQ群里的成员就都是一些股民。同理，如果你的网站是经营化妆品的，那么你当然要加入那种化妆品QQ群。也就是说，你做什么产品，就去加什么群。至于怎么去加QQ群，我好人做到底，送佛送上天，告诉大家操作步骤：首先点击QQ界面最底下的“查找”，点击“群用户查找”，选择“分类”，最好在“关键词”那里写上自己的行业词语，最后点击现在这个界面的“查找”，就可以找到无数的QQ群了。

大家可以把我的这个图片通过PS改成自己的网站和域名。你也可以选择其他更可爱的卡通图片，印上你的LOGO，发到最少10个QQ群里。试一试，或许可以带来一些有效的客户询盘。

5.2 怎么做论坛营销

我非常重视论坛营销，各大论坛能带来的客户也非常多。在此跟大家分享一下我平日是怎么做论坛营销的。

各大论坛中，我主要还是在阿里巴巴论坛里活动。当然，阿里巴巴现在已经没有论坛了，取而代之的是商圈。商圈跟论坛的做法大同小异。

要提醒大家的是，做论坛营销首先要会写帖子。很多人找各种各样的借口不想写帖子，仅仅是去顶顶别人的帖子或是直接发广告，这样基本上是没有多大效果的。

如果你能写出精彩的帖子，那么管理员就很有可能会把你的帖子推荐到论坛首页。我记得我在2008年12月写了一篇关于自己亲身创业经历的文章《从穷困潦倒到年入十几万元的创业传奇》，本来是一次性发到论坛创业版块里的。后来管理员认为我的帖子写得很好，主动与我联系，要求我把文章分成系列，每天发一点。我照做了，然后管理员就把我的文章在论坛首页头条隆重推荐。前后有两个星期的时间，这个帖子都挂在论坛首页非常显著的位置。帖子的点击率在十几天内飙升到十几万。那应该是2008年年末阿里巴巴论坛上最火的一个帖子，仅仅在当月就给我带来了十几个客户。

在阿里论坛，我经常光顾的是创业版块，这也是我最喜欢的一个版块，因为经常能在里面读到很多精彩的创业故事。通常情况下，只要是关于创业的帖子，我都会第一时间发表到创业版块里去。时间一长，版主就认识我了。所以，我的很多帖子都会被版主置顶。置顶的帖子通常点击率都很高，能够带来更多的潜在客户和意向客户。

在阿里论坛里发帖子要注意一个细节，这个细节决定着你是否能把论坛里的潜在客户转变成实际成交客户：把你的帖子用文字链接的形式链接到你的阿里博客里去。我经常建议大家写博客，因为博客是你自己私人的空间，你想怎么做广告完全在你自己，没有人管你。所以，你的博客里可以有大量的产品广告。那么，你需要做的就是把论坛里的潜在客户，通过链接的方式吸引到博客里来，让他们了解你的产品。

我除了在创业版块混之外，也到其他各大版块去混个脸熟，因为我相信每个版块里都会有潜在客户。所以我同样会把大量的帖子发到其他版块里，这样可以大大增加我的曝光率。

除了阿里论坛之外，我也经常到其他网站的论坛里逛。由于我常居深圳，因此对深圳本地最大的网站奥一网非常感兴趣，经常在奥一论坛里看别人的帖子。我有时会把我的一些精彩的文章发到奥一论坛里，奥一论坛的管理员和版主很给面子，经常把我的文章推荐到网站首页和论坛首页甚至置顶。我经常在文章里做超链接，直接链接到我的阿里博客，这样既给我的博客带来了流量又带来了潜在客户。

利用其他论坛做论坛营销也是一个道理。

再次提醒大家，做论坛营销，写帖子很重要，写出精彩的帖子更加重要。只有懒惰的人才会一味地发广告帖子，结果是马上被删除，效果等于零。做论坛营销也需要讲究勤奋，这跟做博客营销是一样的。

5.3 | 怎么做QQ群营销

QQ群营销是我经常使用的一种网络营销方法，这种营销方法的效果立竿见影。

2008年年底，张军华领衔成立的助众团队策划了一系列活动，邀请我去一个群里开设SEO营销的公开课。当时助众团队的成员人数众多，团队成员纷纷通过自己的阿里旺旺发布“×时×刻SEO培训师尹高洁将在××群开设SEO营销公开课”的通知。由于没有对听课的人进行任何条件的限制，那个群在培讲课开始前就快爆了，在讲课的过程中仍然有人源源不断地进群，后来人实在太多了，群管理员不得不限制进群人数。

那是我第一次在一个多达200人的大群里开设SEO营销的公开课。在整个讲课的过程中，秩序非常混乱，很多人是真心诚意地来听课，但是有一部分人纯粹是来捣乱的，不断打断我的讲课。好在我还算镇定，终究是把那堂课讲完了。

虽然对那堂公开课至今想来仍然心有余悸，但是那堂课给我最大的收获就是，我从此学会了如何使用QQ群来做营销。

我加入了很多QQ群，并且都是付费的高级QQ群，每个QQ群可以容纳200个群成员。记得是在2009年5月份的时候，我第一次做QQ群营销。我在博客上发布了一条消息，说×日×时我将在我的QQ群里进行一堂免费的SEO公开课。

汲取前面这次公开课的经验，我提出了一个前来听课的条件：如果你想来听课，你必须先给我打一个电话，向我表明你确实想听课的诚意，告诉我你的真实姓名，然后我才会让你加入我的培训群。是的，并不是你想要进来听课就可以随时来，你必须付出一定的代价。因为我深深地明白一个道理：**纯粹免费的东西，你是不会珍惜的；只有付出一定的代价得来的东西你才会感觉可贵。**（这个道理在我的文章《付费，是帮你下定决心去执行》里有着详细的阐述，大家有空可以去看看，相信对你做营销一定有帮助。）

所有接受这个条件的人，都可能是我的潜在客户。所以，这也是一种非常精准的营销。

结果消息在博客上一发布，我的电话和手机就响个不停，根本应付不过来。进群的人很快就满了，在讲课的过程中仍然有电话打进来。

大家进群后，我宣布了一些规定，由于人太多，所以希望大家保持安静，听我讲就行，课后我会与大家进行互动，统一回答大家的问题。我还请了几个人帮我做管理员，捣乱的人一律毫不留情地请出群去。结果那次讲课非常顺利。讲完课后我顺便推广一下自己的SEO培训课程，很多人纷纷报名。

我经常使用这样的方法招生，即先让你免费听一堂我的课程，你觉得好，自然会付费成为我的学员。当然，这种营销方法适用于任何产品。

很多人脑筋有点转不过来，他可能会问："尹老师，我不是做培训的，那么该怎么做QQ群营销呢？"

比如我是做化妆品的，我会在我的博客上发布一条消息，"×日×时我会在我的QQ群里讲一堂关于如何更好地保养皮肤的课程，有兴趣的女性朋友请入群来听课"。但并不是每个人都有资格来听课，我一定会给出一个条件，可以随意发挥，比如必须给我打一个电话，或必须在本消息下跟帖留言，或必须做一个友情链接。这个条件是意向人群可以轻易做到的，但也是在提醒她们，你不付出任何代价是无法听到这样一堂有价值的课的。必须要提高听课的门槛，这样她们才会珍惜，她们听的时候才会认真。而前来听课的人，一定都是潜在客户，只要讲到她们心坎里去了，她们当中的大部分人一定会在未来某个时间掏钱购买你的产品。

同理，无论做什么产品都可以这样来操作。

但是，这也有一个前提，就是事先你要给自己塑造一个专业的形象。如果你不专业，那大家为什么要来听你的课？大家的时间都很宝贵的，不想浪费时间去听那些不专业的人的课。

做QQ群营销，除了对自己的专业形象有要求外，还有如下几个要求。

（1）打字的速度必须非常快，每分钟保持60个字的速度是最基本的，建议你练习搜狗输入法，这个输入法的打字速度非常快。

（2）你必须要会上课，并且注意要调动起群成员的热情和激情，不能太沉闷，讲课的所有要点都要给群成员以启发和帮助，不要让他们觉得毫无价值。

（3）你必须对自己的产品非常熟悉和专业，但是讲课又不能太专业化，专业术语不能太多，要用绝对普通的白话来讲，就像是家常聊天似的，让大家觉得很亲切。比如我在群里进行SEO营销培训的时候，绝对保证每个人都能听懂并轻松学会。

（4）你必须学会寻找不同的话题。以我自己为例，我并不是每次都讲SEO营销，也经常跟群里的人分享博客营销、病毒式营销以及其他的营销方法和技巧，每次都会让听课的群成员醍醐灌顶，欢喜赞叹而去。

最后我还想与大家分享一下我最近做QQ群营销在细节上的一个变动：以前每当我建立一个新群，大家进群听了一次课后，这个群不会解散，以后我还会不定时到这个群里讲一些课程；现在我讲完课后会宣布，这个群三天后会解散，留待下次讲新课。这样改动的好处是什么呢？第一，你付出一次代价来听课并不是永久性都可以来听课，下次来听，你还必须再次付出代价，就是要让你永远知道，我的课绝对不是免费可以来听的，它是有价值的；第二，我们要换新鲜的血液进群，因为有很多总是在群里的人可能永远也不会购买你的产品，那么为什么这些人总要占据着位置呢？所以，要跟他们说好，下次想来听课，到时候再把大家加进来。

每个做营销的人都应该是一名优秀的产品培训师。产品培训师，首先要树立一个专家的品牌形象，这样他才会得到很多人的尊敬，他的营销说服力天生具有一种不可挑战的权威。所以，当你在自己的QQ群里以一个培训师的形象出现的时候，你的产品就会非常容易推销出去，很多人都会心甘情愿地购买你的产品。

这是我的营销实战经验，希望对每个做网络营销的人都有所帮助。

5.4 怎么做电子邮件营销

大多数人从未重视过电子邮件的营销作用，也不知道该如何利用电子邮件开展营销。很多人都是简单地把本公司的产品广告复制粘贴，然后发给客户。老实说，这样的效率是极其低下的。通常客户一看到邮件标题，就知道是广告，都懒得打开，直接删除。即使进入邮箱里，看到又是一封广告垃圾邮件，接下来的动作仍然是：直接删除。

90%的业务员都在做无效工作，既劳累又不能产生业绩。

其实电子邮件营销很好做，只要掌握几个技巧。且听我一一道来，一定给你很大的启发和帮助。

1. 搜集精准的客户邮箱地址。

很多人图省事，花钱购买邮件群发软件。诚然，群发软件是好使，只要做好系统设置，按下“发送”，邮件立即自动发送到千百个陌生邮箱里。可是现在的人自尊心都特强，一看邮件是群发的都懒得打开，直接删除。我觉得千万不能图省事，一定要搜集精准的客户邮箱地址，然后手工一一发送。一是显得尊重对方；二是提高营销的精确效果。

2. 邮件标题一定要非常吸引人。

大多数人不会写邮件标题。往往一看就是广告标题，这类邮件最有可能的下场就是被直接删除。在我接收到的无数封推销产品的邮件里，我唯独保留了阿里巴巴章琳的邮件。记得是在某一年的年底，阿里巴巴给诚信通会员推广网销宝，章琳（不是个人，其实是一个团队的名称）非常勤奋地给我写邮件，她们的每封邮件的标题都很有特色，吸引我进去看，比如“来自章琳的感谢信”“重要的邮件，当家的一定要看”“章琳周六晚上写了3个多小时的邮件，当家的，一定要看一下，好吗？”诸如此类，这样的标题由不得我不进去看。

3. 邮件内容前四行一定要非常吸引人。

前四行的内容一定要简洁有力，能够吸引住客户，要揣摩客户最想要得到什么，然后用文字清晰地表达出你的产品可以满足客户的需求。比如在给几个比较重要的客户推销网络营销课程的时候，我直接把我在博客上发布的系列文章《SEO一定能帮你赚到钱》的前四行拷贝过去。

“这是一本关于SEO的书，一本用SEO来赚钱的书。

你可能对SEO没什么兴趣，但你对赚钱绝对有兴趣！

而当你认真阅读了这本书之后，你会发现，用SEO来赚钱是目前网络营销里最容易、最简单的赚钱方式！

只要你认真学习这本书，并进行一定的操作练习，我相信你一定能在很短的时间里赚到比你现在的收入多出五到十倍的钱。”

怎么样，是不是非常吸引人继续阅读下去？

4. 最好不要采用附件形式。

其实不要高估客户的计算机（俗称电脑）操作水平，大多数客户还是电脑菜鸟，他们不会使用附件来下载文件。还有，很多客户的电脑网速慢，如果文件比较大，下载速度一定超慢，而很多客户的耐心是极其有限的。所以，如果是以文字为主的文件，还不如直接粘贴在邮件里，以便客户轻松阅读。

5. 邮件中一定要给客户一个回复或采取行动的理由。

大多数人写的邮件石沉大海，客户根本没有回应。所以一定要在结尾的时候给客户一个回复你的理由。好好想想，要怎样才能使客户回复你的邮件呢，或者让他立刻打你的电话呢，或者让他加你的QQ呢？即使你不能让客户回复你的邮件，或打你的电话，或加你的QQ，也要让客户进入你的网站去详细了解你的产品信息，所以你一定要提示（或者命令）客户立即点击你的网站。比如我就会这样写：更多精彩文章，请立即点击阅读我的博客（附网址）。

你写邮件的目的，就是让客户进入你的网站（或博客）去了解你的产品信息，然后促使他采取行动购买。只要做到了以上五步，你的目的就有可能达到。

| 5.5 | 创造搜索源，带来巨大流量

在阿里巴巴上，经过我这几年来的不懈推广，SEO这个概念已经深入人心。“搜索”现在已经成为几亿网民最基本的需求，而你的网站（或网店、博客）上的相关关键词如果在搜索引擎上排名靠前，那么它们被网民搜索到的概率自然会大大提高。所以，SEO已经成为不少网商最喜欢使用的网络营销方法。可以这样说，在电子商务时代，如果你没有钱投放广告而又不懂SEO的话，的确是一件很悲哀的事。

通过SEO把相关的产品关键词优化到百度的前页，不产生任何营销费用却可以带来有效询盘和订单，这无疑是目前最为先进的网络营销方法。

除了SEO可以从搜索引擎带来很多流量之外，目前还有一种方法可以从搜索引擎带来很多流量，那就是创造搜索源。在此我给大家介绍一下这种方法。

现在请你回想一下，你平常在浏览新闻的时候，是不是经常会看到某些头衔很吸引人的名字，比如“2010年最性感的足球宝贝张雅馨喷血写真”“21岁身家10亿，美女CEO李艾含的创业故事”等，你会不会受好奇心驱使，点进去看一看？

看完之后，你是不是还想了解这些人更多的信息？如果你的回答是yes，那么你肯定会到百度去搜索“张雅馨”“李艾含”这些名字，对不对？

在这里我先声明一下，所谓的“2010年最性感的足球宝贝张雅馨喷血写真”“21岁身家10亿，美女CEO李艾含的创业故事”，其实都是我杜撰的，现实中也没有这样的人，我只是举

个例子。

如果百度上没有某个人的名字，而你却杜撰了那个人的名字，那么你在网站上设置的那个名字，就很容易出现在百度的第一名的位置。当网民搜索这个名字的时候，很快就可以进入你的网站。

那么，要如何让成千上万的网民来搜索你杜撰的名字呢？步骤如下所述。

（1）杜撰10个名字，这10个名字在百度搜索的时候必须为空，比如你在百度搜索“李艾含”这个名字，结果显示为空白。

（2）给这10个人开通10个新浪博客，并分别配上简要的个人档案，个人档案后面留下你的网站链接（以便让网民通过链接进入你的网站）。个人档案随便怎么写，发表后，博客很快就会被百度收录，并排在第一名。

（3）对这10个名字进行“语不惊人死不休”的包装，比如“2010年最性感的足球宝贝张雅馨喷血写真”“21岁身家10亿，美女CEO李艾含的创业故事”。这些帖子的标题一定要有爆炸性，反正怎么吸引人怎么写。然后把这些帖子转发到新浪、搜狐、网易、腾讯等各大知名论坛里，最少要转发到30个知名论坛里。

当做好了以上三步的时候，很多网站和网民都会自动帮你转载那些帖子，几天就可以火爆异常。同时，无数的网民会去百度搜索你杜撰出来的诸如“张雅馨”“李艾含”这些名字，因为你此时的新浪博客在第一名的位置，很多网民自然会点击进入你的新浪博客，然后顺便就进入你的网站了。

如果你这样去做了，网站流量一定会暴涨，你该好好准备一台服务器了，一两百兆的虚拟空间只怕承受不了那么大的流量的冲击。

这就是用杜撰的人名来创造独立的搜索源，很多的网站站长都使用这一招，屡试不爽。

在这些大量前来搜索人名的网民里，可能会有你的潜在客户。

请注意，我只是说可能会有你的潜在客户，并不是说一定。因为这些来搜索人名的网民都不是带着购买产品的意向来的，而是抱着猎奇的心理来的。

SEO毕竟还是有所不同。虽然SEO不会带来那么大的流量，但是SEO带来的是定向流量。所谓定向流量，就是带有明显的购买产品意向的流量，只有定向流量才是有价值的流量。

如果是一个社区网站或论坛，那么当然可以使用创造独立的搜索源带来流量。但是对于广大的网商朋友来说，创造搜索源效果不大，带来的基本都是垃圾流量。作为网商，还是应该掌握SEO。

综上所述，创造搜索源是以大量流量为目的；SEO是以产品（或服务）的有效询盘为目的。要实现精准有效且完全零成本的营销，SEO是目前为止网络营销中最好的方法。

5.6 怎么做QQ空间营销

QQ空间是一个强大的网络营销工具，可惜这一点被很多人忽视了。近年来通过QQ空间营销，也给我带来了不少的成交客户。在这里跟大家分享这一有效的网络营销方法。

1. 写原创文章。

QQ空间其实就是一个博客，所以要利用QQ空间做好营销，原创文章的写作是最基本的。

QQ空间跟阿里博客的定位是很不同的。阿里博客是商人博客，所以要求多写商业文章。而QQ空间更加私人化，所以可以多写心情日志。心情日志情感更加真实，直击人的内心，比较容易取得潜在客户的信任。

但是，QQ空间里也不能全是心情日志，要适当写一些商业文章。如果你写阿里博客的话，那么可以把阿里博客里的文章转发到QQ空间里。

2. 广告链接。

既然是做QQ空间营销，就必须让潜在客户了解你的广告信息。最好把广告信息写成一篇有诱惑力的文章（标题尤其要有吸引力），文章里一定要留下详细的联系方式，并且还可以插入产品图片。

你要在每篇文章的结尾，给你那篇广告文章做一个超链接。那个超链接一定要用红色粗体标出，这样才显眼。要引导潜在客户立即点击那个红色的超链接。记住，潜在客户读完你的文章后，大概只会停留1秒钟的时间。你要利用这1秒钟的时间引导潜在客户立即点击你的广告。

3. 分享功能。

文章在QQ空间里发表后，如何让更多的人看到你的文章？

你可能没有留意，QQ空间里每篇文章的标题上都有一个“分享”按钮。当你点击“分享”按钮的时候，你的文章不仅会在你所有的QQ好友的空间动态里显示，还会在你的好友的好友的空间动态里显示。这样，你的文章就会出现在很多人的QQ空间里，自动形成病毒式传播。

如此一来，很多潜在客户都会看到你的文章，继而通过你的超链接看到你的广告文章。

4. 转载功能。

会写文章的人通常都能写出一些看起来非常有价值的文章。对于这类文章，QQ上的很多好友都会不自觉地转载。当好友转载了这些文章后，文章同样会出现在好友的好友的空间动态里。

你平常在好友的QQ空间里一定会看到他们转载的一些看起来非常有价值的文章。这个时候，你也可以转载过来。但是一定要注意一个细节：转载过来之后一定要对这篇文章进行加工，在文章末尾留下你的广告文章链接。因为这类文章被转载的概率很大，所以当你的QQ好友看到后，他们也会不自觉地转载。这样，你的那篇广告文章就会一起被转载。如此一来就会形成了病毒式传播。

5. 相册功能。

相册是一个可以自由上传和存放图片的地方。你可以多上传产品图片，但是也不要忘了上传个人的生活照片。

上传产品图片是为了让潜在客户了解你的产品，而上传个人生活照片是为了让潜在客户知道你长什么样，增加信任感，两者缺一不可。

6. QQ签名。

QQ签名是一个很重要的细节。大多数人在QQ签名上写的是产品信息、联系方式。这样做固然很好，但也不能长期保持同样的信息。

这个世界上，无聊的人永远占大多数。所以，不要以为你的潜在客户整天都在忙，其实他们每天闲的时间很多。当有人更新QQ签名的时候，他们往往很快就会发现。

所以，你要迎合潜在客户的这种心理，经常更新你的QQ签名，让他们经常关注你的QQ空间。如果你在QQ空间里发表了新文章，也请在QQ签名上写出来，这就相当于间接地告诉他们。这样可以引导他们第一时间来看你的新文章。

QQ上的好友会长时间地观察你，直到他们认为可以相信你的时候，他们自然会向你下订单。

7. 腾讯微博。

腾讯微博是中国注册用户最多的微博。微博的最大优势就是病毒式传播。

QQ空间和腾讯微博是可以打通的，所以你一定要将QQ空间里的信息（文字和图片）都同步发表在微博里。这样，你发布的信息会传播给更多的人。

8. 适当回帖。

QQ空间是一个私人空间，所以进入你的QQ空间的人都是以“好友”的身份进入的，尽管很多所谓的“好友”你可能根本不认识或不熟悉。

所以，好友之间的互动交流尤为重要。对于一些好友的评论，可以适当地回帖以便加强沟通。

9. 升级VIP。

普通QQ最多只能容纳500个好友，而超级VIP可以容纳2000个好友。同一个QQ上的好友增多，可以提高你的QQ空间的人气。因此，可以考虑升级为VIP。费用不高，每年也就200多元，几顿饭钱而已，不要舍不得这点小投入。

10. 经常更新。

你的QQ空间应该经常更新，而不是长年如一潭死水。如果你想做好QQ空间营销，就请记得经常更新你的QQ空间，让你的QQ空间活跃起来。

这里还要注意一点：一定要控制转载文章的比例，不要别人一进入你的QQ空间，放眼望去，几乎全是转载文章，如此会使很多潜在客户立马就跑掉。因为没有多少人喜欢总是看转载的文章。一般情况下，在10篇文章里顶多2篇是转载的。

经常更新QQ空间会把QQ上很多的好友激活，从而提高SEO学员的转化率。

在此分享的QQ空间营销十点都是我的经验之谈，只要你做到位了，相信一定可以带来很多的成交客户。

5.7 怎么通过网络小说打造产品品牌

很多企业老板和个人创业者可能从来都没有想过，网络小说实际上是可以被成功打造成一个产品品牌的。

2005年5月，我的第一本长篇小说《一座校园的传说》由青岛出版社正式出版。而在这本小说出版之前，青岛出版社与当时国内知名的社区网站西祠胡同的文学频道合作，推出了一个引人瞩目的策划专题，将小说的前六个章节在文学频道连载。小说出版后，我又在中国同学录上推出小说的连载，中国同学录在论坛首页头条连续两个月不遗余力地推荐这部小说。也正是这两家网站的极力推广，小说在书店卖得还算不错，有两万本的销售成绩。

这本小说是以我的母校湖南科技大学为背景而创作的。在小说里，我反复地渲染了一片樱花园，在那片樱花飘飞的园子里注入了大学生爱情的浪漫与激情。

后来，我收到了无数读者的来信，也在网络上读到了无数的评论。他们都表示，这部小说深深地打动了他们，让他们找到了青春和情感的共鸣。全国各地的很多读者为了一睹小说中樱花园的真实风采，特地赶赴湖南科技大学去参观。并且有许多的高中生正是因为读了那部小说，才毅然报考湖南科技大学，只为了去亲身体验小说里的那些场景，在那些场景里回味小说中的故事和感觉。

众所周知，武汉大学的樱花是全国高校中最出名的。每到四月，武汉大学的樱花开得无比灿烂，成为很多人到武汉旅游时必去的一大胜景。相对来说，湖南科技大学的樱花在全国几乎没有什么名气。但是，我用一部小说为母校的樱花园做了极大的宣传，在我的小说出版之后，母校的樱花园成为一个吸引众多高考学子报考的品牌亮点。

这是我迄今为止最值得骄傲的一件事。

2009年，网络上流传着一部名为《踢踢兜丽江之恋》的爱情小说。在这部小说里，作者虚构了一个叫作“踢踢兜”的服装品牌，这个叫作“踢踢兜”的服装品牌不是可有可无的，而是在不断地推动着故事情节的发展。几乎没有人能看出这其实是一个广告，因为这个叫作“踢踢兜”的服装品牌在小说里被赋予了很多情感的内涵，很多读者都深深地爱上了这个虚构的服装品牌。聪明的作者在现实中迅速推出了一个专门销售“踢踢兜”品牌的服装商城。由于这部小说在网络上的点击量达到了几百万，影响很广，结果这个商城的生意非常火爆，前来购买服装的大多是小说的忠实读者。

作者巧妙地把一个虚构的品牌转化成现实的品牌，通过情感导向的方式获得了实际产品销售的巨大业绩。

“踢踢兜”已经成了网络上一个比较有名的服装品牌。这也成了很多网络策划人津津乐道的打造网络品牌的成功案例。

我们或许都看过电影《天下无贼》《非诚勿扰》《杜拉拉升职记》，现在凡是表现当代题材的电影都有或显或隐的植入性广告，由于这些广告已经成为电影里不可或缺的组成部分，让观众几乎感觉不到那是广告，所以那些广告都取得了很好的效应。

很多有钱的大企业可以出得起高价在电影里做植入性广告，而中小企业不可能有那个经济实力做同样的事。但是如果是在网络小说里做植入性广告，成本相对来说会低廉很多。企业老板可以多关注目前流行的网络小说，或去留意那些有潜质流行的网络小说，然后跟作者进行合作，让作者在小说里适当地提及企业的产品品牌。我听说有的企业专门招了几个会写小说的网络写手，在公司里专门写小说，并要求他们一定要把产品品牌植入小说里。小说在网络上只要一火，产品的品牌效应会立即显示出来，自然会提高企业产品的销售业绩。

这是一个网络营销的思路和途径，希望可以给大家有益的启示。

5.8 提高网店流量的5个技巧

很多店主都在为自己的网店流量不高而犯愁。实际上提高网店流量有非常多的方法，只是很多人不知道或没有用心去做罢了。在此介绍5个能提高网店流量的技巧，希望对各位店主有所帮助。

1. 在阿里巴巴开博，根据自己的体验写出好文章。

作为网商，你一定要进行博客营销；而进行博客营销，你一定要选择在阿里巴巴开博。阿里博客是中国最大的商人博客，是真正为草根网商服务的博客。

2. 把网友在QQ群里疯狂转发的热门信息化为你自己的"病毒"。

这是病毒式营销的一种。大家一定经常在QQ群里收到群成员们转发的一些热门信息，比如温馨的节日祝福、搞笑的段子等。这些信息一天之内可以被群成员们转发到几十万个群里去，但是只有极少数的人会充分地利用这些热门信息。我就经常在这些热门信息里嵌入我的博客网址，然后转发到其他的群里。这样别人再次转发的时候，就带上了我的网址链接。效果最好的时候，这个方法一天就可以为我带来上万的流量。你不妨也试试把你的网店链接嵌入到那些热门信息里去，一定有效果。

3. 针对新老客户多做专题活动。

很多店主只会死死守着自己的网店干等着客户上门来。给你一个启发：你是不是经常看到百货商场或大超市门前的喇叭周围有很多人在那里看热闹，然后形成抢购的风暴？是的，这就是活动的吸引力。所以，你的网店如果经常做一些促销、竞猜、娱乐等各种有趣的活动，网店流量必定暴涨，想没有生意都难。

4. 适当做阿里妈妈广告。

我之前一直认为，做网络营销时不应该投入广告费用，而应该使用正确的营销方法来免费推广网店。但是后来我发现，阿里妈妈的广告效果还是不错的，我曾经试过充了100元，结果带来了一两千元的收入，这个付出还是比较划得来的。阿里妈妈广告每天的花费不算多，我记得好像可以控制在每天30元左右。投入不多却可以带来不少的流量，所以我认为可以适当尝试一下阿里妈妈广告。

5. 对你的网店进行搜索引擎优化，也就是SEO。

关于SEO，我已经说得太多了。这里要强调的是，做好SEO能够给你的网店带来的是最有效的流量。因为客户大多是在搜索引擎（诸如百度、好搜、搜狗、阿里巴巴、淘宝）输入了具有强烈购买意向的关键词找到你的网店的，所以从搜索引擎带来的流量能最大化地转化成单子。

|5.9| 做营销型网站，你不可不知道的7大要素

在电子商务迅猛发展的今天，展示型的企业网站已经过时了，代之而起的是营销型的企业网站。

那么，营销型的企业网站应该具备哪些要素呢？最少应该具备以下7大要素，我称之为“七剑下天山”。

1. SEO。

SEO即搜索引擎优化，就是通过技术和策略把企业网站上的关键词优化到百度、谷歌等搜索引擎的前页，以便客户能在百度、谷歌上更快速地查询到自己的产品信息。

SEO是企业网站吸引意向流量最直接的途径，也是中小企业目前最为热衷的网络推广手段。没有经过SEO的企业网站，基本属于废品一族。

2. 截留系统。

截留系统，指的是网站的客户数据库。通过SEO从百度、谷歌带来意向流量之后，其中90%以上的流量会白白流失。而截留

系统则可以截住部分可能会流失的流量（访客信息），通过访客留下的联系方式，对访客进行跟进。如此一来，则可以大大提高销售业绩。

目前，99.9999%的中小企业网站没有设置好这个截留系统。因此，他们每天都在损失很多的意向客户（一年下来损失了无数的客户），而他们对此却毫不知情。

3. 美观视觉设计。

网站的美观视觉设计相当重要，原因很简单，每个人都喜欢美观的网站。美观的网站可以让潜在和意向客户多停留一会儿，降低跳出率。多停留的时间会增加客户询盘的可能性。

4. 优质的原创内容。

很多企业网站的内容常年不更新，基本上是一潭死水，没有使访客产生新鲜感。企业网站需要经常发布优质的原创内容，因为优质的原创内容可以牢牢吸引住访客，从而提高询盘率。

企业网站上应该开通一个“博客”频道，经常发布优质的原创文章。

5. 在线沟通软件。

企业网站上最好安装一款在线沟通软件。当访客打开网站首页的时候，3秒钟之后自动弹出对话页面，邀请访客在线咨询业务。这有利于抓住部分意向客户，提高询盘率。

切忌在网站每个内页都自动弹出对话页面，因为这样非常影响访客的体验，让访客不胜其烦。

6. 流量统计软件。

安装一款流量统计软件，这样可以全天候监测网站的流量数据、访客来源、关键词信息，对网络推广有着极其重要的参考作用。

7. 打通微博。

微博最大的营销特点：一是可以传播；二是可以互动。传统的中小企业网站基本上没有互动功能，而微博可以很好地弥补企业网站这方面的缺陷。因此，建议把企业网站和微博打通，在企业网站上展示自己的微博。访客可以通过企业网站进入微博与你进行良好的互动。微博由于其碎片化的语录特征，更加能够体现企业的人性和情感，可以让企业网站更加鲜活起来，从而提高访客对你的信任度。

只有具备了以上7大要素，企业网站才算真正具备了营销功能，才能称为“营销型网站”。

请记住：每个要素都关系到有效询盘和订单，不可等闲视之。

5.10 | 在阿里巴巴做营销，5大免费工具一网打尽

常常有人问我这个问题：在阿里巴巴做营销，到底是付费好还是免费好？我相信这个问题也是许许多多的网商疑惑的问题。在回答这个问题之前，首先要弄清楚，我们可以利用阿里巴巴上的哪些工具来做营销。

阿里巴巴提供给我们的营销工具主要是以下5个：旺铺、博客、商圈、生意经、千牛。

其中，只有诚信通旺铺需要每年付费3688元（当然，阿里巴巴付费的增值服务还有很多，比如网销宝、标王等，这些都是从诚信通衍生出来的付费服务，必须在开通诚信通的前提下才有资

格继续付费使用），其他4个工具都是免费的。

我们还要弄清楚，这5个工具各自起到什么营销作用。

1. 旺铺。

无论是普通旺铺，还是诚信通旺铺，它首先是一个产品信息的展示平台，相当于企业的独立官方网站。

阿里巴巴有自己的网内搜索引擎，客户通常是通过这个网内搜索引擎来搜索他们想要的产品关键词。如果你的旺铺上的关键词能排在网内搜索引擎的首页，那么，你被客户找到的机会就会大大增加。

此时，普通旺铺和诚信通旺铺的营销价值的差别就体现出来了。诚信通旺铺上的关键词肯定是优先排名在前，普通旺铺上的关键词只能往后排。由于诚信通旺铺数量众多，你搜索任何一个关键词，基本上都是诚信通旺铺垄断前十几页甚至几十页。普通旺铺几乎没有任何机会出现在首页。

从这个角度来说，如果你不是诚信通会员，根本得不到一个从阿里巴巴网内搜索引擎过来的客户的有效询盘。

也就是说，你不付费给阿里巴巴，就不用妄想在阿里巴巴上接到订单。

这个结论会让很多普通会员感到绝望。

但是，难道普通会员真的没有机会在阿里巴巴上接到订单吗？答案是否定的。我见过许多的普通会员在阿里巴巴上把生意做得风生水起。

他们到底是怎么做起来的呢，有什么诀窍吗？

很简单，他们利用了阿里社区营销。而博客、论坛、商圈、生意经等，就是阿里社区营销的主要工具。

2. 博客。

博客是自媒体营销平台，它的营销威力是强大无比的。

博客又分为企业博客和个人博客，你要根据你的实际情况来给自己的博客做好定位。

做博客营销的第一要义，是要写好软文。

企业博客应该经常分享企业的故事（包括老板的故事、企业成立的故事、与客户之间的故事、企业荣誉背后的故事、公司日常工作中发生的点滴故事……），从而向潜在客户、意向客户、成交客户传达企业的生命力、诚信度、产品质量、售后服务、客户口碑等一切有效信息。

个人博客应该经常分享自己的人生经历、生活感悟、工作经验、营销技巧、客户交往等一切能体现你的为人品性、工作专业的文章。

无论是企业博客还是个人博客，都是为了让客户全方位地了解你。博客是打造良好企业品牌的网络途径，更是打造个人品牌的最佳网络平台。品牌的成功塑造，可以极大地拉近你与客户之间的距离，从而提高询盘的转化率。

企业要把企业博客的建设作为公司的战略决策来执行，个人要把个人博客的建设作为个人网络事业开拓的重要手段来执行。并且要记住：博客营销一定要长期坚持下去。

在阿里巴巴这个平台上，成功使用博客营销的例子不胜枚举。

3. 商圈。

商圈最大的特点是根据行业、产品、地域等垂直领域对不同的人群进行细分，这种特点可以实现比博客和论坛更加精准的营销效果。

商圈规定可以加入十几个不同的圈子，而你自己也可以根据自己的行业、产品特点创建属于自己的商圈，成为商圈的圈主。

商圈和博客有一个共同点，就是要求写好软文。所以，如果你会写软文，不管是博客还是商圈，你都会做得很好。这两者加起来，流量相当可观。

你写完一篇文章后，要把文章同时发到博客和商圈里去，并且一定要记得：在商圈发表文章的时候，要通过链接的方式，把商圈的流量导入到你的博客里去。

为什么我反复强调要把商圈的流量都导入到博客里去呢？因为商圈是禁止打硬广告的，而你的博客由于是你自己的属地，可以有大量的广告，当商圈里的客流量进入你的博客，就可以非常详细地查看你的广告信息了。

4. 生意经。

生意经相当于百度知道，是一个问答互助平台。

如果你是一名阿里巴巴的新手，或者在工作中碰到任何问题，都可以通过生意经去提问，很快就会有热心网友来解答。

如果你是一名经验丰富的营销人员，那么你可以经常到生意经里去寻找跟你的行业、产品相关的问题。因为很多问题的提问者都是你的潜在客户。通过对那些问题的专业解答，提问者会关注到你。你可以适当留下自己的博客网址或旺铺网址，甚至可以留下一些具体的联系方式，以便于提问者联系你。

很多人都通过这种积极解答问题的方式，获得了可观的订单。

5. 千牛。

千牛是一款聊天软件，功能类似于QQ。很多人不知道，千牛也是可以用来做营销的。

首先，千牛可以让你主动与阿里巴巴上任何在线的陌生人联系，这个功能是QQ所不具备的。阿里巴巴上很多的订单都是买家和卖家通过千牛沟通之后定下来的。

其次，千牛的群发功能相当给力，这个功能也是QQ所不具备的。你可以把千牛上的人群进行“组”的分类，每个“组”不要超过200人，然后针对“组”进行软文和产品信息的群发。

再次，在千牛上你可以创建和加入多个千牛群。你可以选择加入你的客户群体所在的群，然后到群里发布软文。不建议发布硬性的产品信息，因为那样会污染“群空气”，群主也会很快把你踢出群。

以上简要讲述了阿里巴巴提供给我们的5个主要的大营销工具，每款工具都具有良好的营销功能。

对于任何一个长期混迹于阿里巴巴的人来说，必须充分利用这5个工具，全面撒网，才能收获最好的效果。

再回到本节的主题：在阿里巴巴做营销，到底是付费好还是免费好？

如果你只是公司一名普通的销售员，公司的诚信通旺铺没有交给你打理，那么你就只能选择免费的营销工具。你仍然要开通普通旺铺，因为即使你的普通旺铺上的关键词无法在阿里巴巴网内搜索引擎上获得好的排名，也有可能被谷歌、搜狗、雅虎等全网搜索引擎所收录（百度对阿里旺铺的收录并不积极），可能会得到来自阿里巴巴以外的搜索流量。而更加重要的是，你一定要重视阿里社区的营销，坚持写软文，把博客、商圈经营好。你一定要坚信，做好阿里社区营销，同样可以带来相当可观的销售业绩。

如果你是一名企业老板，那么我建议你还是不要吝惜那区区3688元的费用，最好开通诚信通。成为诚信通会员不一定会带来源源不断的流量和询盘，但至少你的诚信通旺铺上的许多关键词有机会排名到首页去。我也见过许多企业虽然开通了诚信通，但是基本没有起到什么效果。原因其实很简单，它们没有掌握阿里SEO，没有掌握诚信通的排名规则。当你深入研究阿里SEO和诚信通的排名规则后就会发现，关键词排名优化到首页其实并没有想象中的那么难。

我一直有一个观念：做网络营销一定要学会全面撒网。正如我自创的“SEO独孤九剑”的营销系统，把阿里SEO、独立网站SEO、博客SEO、论坛SEO、B2BSEO、问答SEO、文库SEO、视频SEO、微博SEO全面结合起来，让关键词在网络上每个角落遍地开花，想生意不好都难。

作为企业经营者，你不仅要做好诚信通旺铺，使得你的企业的产品关键词有机会排名靠前，被更多的意向客户搜索到；你同样要重视阿里社区营销，把各大免费工具充分利用起来——真正做到“一网打尽”。

所以，在阿里巴巴上做营销，不管是付费还是免费，你都是有机会获得大量订单的。就看你是否熟悉阿里巴巴的那些工具，你有没有制定一套良好的系统，然后狠狠地、长期地坚持去执行。

5.11 B2B型小微企业如何利用SEO轻松做到几千万元

所谓B2B，是Business-to-Business 的缩写，指企业与企业之间的营销关系。通俗点说，就是企业把产品卖给其他的企业。

中国许多B2B型的小微企业仍然固守传统落后的营销推广方

式，缺少客户来源，并且由于人力成本、原材料成本的不断上涨，利润下降，从而纷纷陷入困境。我身边很多的B2B型小微企业在2014年纷纷倒闭，暂时没有倒闭的，也在苦苦挣扎之中。

我调查了很多B2B型的小微企业老板，发现了一个共同的特点：他们基本上不怎么会在网络上做营销推广；即使做，也就是叫员工发发硬广告，或者做做百度竞价排名，一旦发现没什么效果就停止了，仍旧回到传统的推广方式中。

明明知道网络营销是让企业走出困境的最佳途径之一，但是又偏偏不会运用，并且还不肯去学习，这是中国大部分B2B型小微企业老板的现状。

我从2008年8月开始从事SEO的培训工作，这些年来，通过SEO帮助了许多B2B型小微企业快速成长。很多SEO学员从个人创业白手起家，一年做到几千万元。我发现B2B型小微企业非常适合利用SEO来推广。

那么，如何通过SEO一年做到几千万呢？

首先，开通一个营销型企业网站，对网站进行SEO。

中国90%的B2B型小微企业官方网站都是展示型的普通网站，既没有经过SEO，也没有经过营销系统的设计，缺少自动营销功能。

经过SEO能把网站上的关键词排到百度的第一页。只要你的网站上的关键词排到了百度第一页，每天自然会有意向客户找到你，主动向你询盘、下单。

其次，设计几千个甚至上万个关键词，把关键词铺天盖地做满百度前三页。

仅仅对企业官方网站做SEO还远远不够。如果想拥有大规模的意向客户，就要设计几千个甚至上万个关键词，让这些关键词占领百度前三页。

试想一下：客户在百度前三页，无论怎么搜索自己的行业、公司的任何关键词，都能快速地找到自己的产品信息，会达到一种什么样的结果?

结果就是：每天都会有大量的客户找到你下单，并且能快速地把你的竞争对手挤下去!

最后，把SEO和社会化媒体结合起来。

通过前面两个步骤，每天会自动获得大量客户的有效询盘。但是，如果想最大程度地提高转化率，就需要把SEO和社会化媒体结合起来。

社会化媒体，包括现在流行的博客、论坛、QQ空间、微博、微信。由于你在这些网络平台发布了体现你真实情感、思想的文章，当意向客户通过搜索进入你的社会化媒体平台里，经常仔细阅读你的文章，就能提高对你的信任感，从而提高询盘的转化率。

做好以上三个步骤的操作，小微企业一定能从网上获得大量的订单。

我有个学员，名叫李欣颖。她的公司就是一家典型的B2B型小微企业，专门从事地坪工程承包，2015年公司全年业绩超过8000万元。她在我这里学完SEO后，把所学内容又教给她的员工，现在每个员工都学会了在网上做SEO，她们公司的大量关键词都在百度有着极好的排名，许多客户在百度上主动找到她们。

我还有个学员，名叫胡琳爱。她的公司也是面向企业服务的B2B型小微企业，从事的是认证服务。她在百度上发布了30000多个关键词，这些关键词在百度上铺天盖地，通过这种方式，她把生意做到了全国。

为什么B2B型小微企业通过做SEO就能获得快速发展呢？其中有一个很重要的原因就是：他们的产品的单价通常都比较高，利润也比较高。比如李欣颖的公司，由于是做工业地坪的，一个订单少则三五十万元，多则三五百万元，利润非常可观。通过SEO带来的意向客户，客户数量可能不需要很多，但是每个客户带来的单价却相当高。

这么多年下来，我终于总结出了一整套属于我自己的SEO体系——“SEO独孤九剑”：阿里SEO+独立网站SEO+博客SEO+论坛SEO+B2BSEO+问答SEO+文库SEO+视频SEO+微博SEO。这套体系把SEO和社会化媒体完整地结合了起来，极其适合B2B型小微企业去运用。

在未来的一段时间内，中国的市场行情或许会进一步恶化，B2B型小微企业将面临更加残酷的竞争。在这种环境下，如何利用先进的网络营销方法实现企业突围，是每个小微企业老板需要思考的。

希望这本书可以帮助到你！

| 5.12 | 5大塑造产品价值的思路，让你的产品卖到爆

我们做网络营销有一个基本的思路：意向流量+转化率=销量。其中，意向流量是最基本的，这一点可以通过我总结的“SEO独孤九剑”来解决。而转化率是最关键的，这一点可以通过塑造产品的价值来解决。

我们可以试想：同一种产品，市场上有无数的商家在卖，客户凭什么选择你的呢？你必须给客户提供他选择到你这里购买的理由。所以，这时你需要对你的产品进行价值的塑造，让你的产品在客户眼中看起来有不一样的地方。

在此我提供5种塑造产品价值的思路。我相信，当你把这5种思路运用到你的营销上时，你的产品一定可以卖到爆。

1. 列出产品对客户的好处。

客户购买的其实不是你的产品，而是购买产品能够带给他们的好处。你一定要记住：客户是为了好处而来购买你的产品的。所以，你必须用文字的形式，一一列出你的产品能够给客户带去什么样的好处。并且，你的描述既要专业，也要充满感性，能够对客户的心理形成一种诱惑。

比如我所做的“SEO独孤九剑”的培训，我这样列出我的培训课程可以带给客户的好处：①帮助你把大量的产品关键词做到百度、谷歌等搜索引擎的前几页，让潜在客户轻松找到你的产品信息，从而让你获得更多的询盘和订单，大幅度提高销售业绩，赚到比以前更多的钱。②我的培训群是一个很大的人脉资源库，有来自全国各个行业的销售人员、经理、老板，也有很多网络营销高手，加入这个培训群，你可以得到更多的人脉资源，甚至可以与培训群里的人做生意，达成各种合作。

记住：产品好处的列举，一定要简短有力，直切要害。

2. 列出你的产品的优势所在。

一定要列出1~5个你的产品的优势，这种优势是你的竞争对手所不具备的。可能有的人会说，他的产品还不成熟，好像没什么显著的优势。我认为，只要你开动脑筋去认真思考，就一定能找出你的产品的优势，哪怕优势只有一点点。

比如2008年8月我刚刚进入SEO培训行业的时候，我还是一个新人，理论上来说我没有任何优势。但是我勤于思考，很快发现，很多SEO培训机构只针对企业独立网站来做SEO培训。针对这个行业特点，我很快设计出了针对博客、阿里旺铺、淘宝店铺这3个平台的SEO培训课程。当时，我是国内唯一一个针对博客、阿里旺铺、淘宝店铺这3个平台做SEO培训的培训师。这让我的客户群体更加精准，我的优势很快就显现出来。

所以，重要的不是你的产品是否成熟，而是你是否善于思考，找到一个突破点，让这个突破点成为你的产品的优势。

3. 激发客户对你的产品的购买欲望。

对客户来说，有两种不同的产品：一种是客户事先就知道的，另一种是客户事先不知道的。对于客户事先就知道的产品，他的内心具备了一定的渴望度，比如纸巾、剪刀、洗衣粉等日常生活用品。对于客户事先不知道的产品，比如很多人是第一次听说SEO，你就必须让他们立刻对SEO充满了渴望。

不管是哪种产品，你都要想方设法在他们见到你的产品的时候激发出他们的购买欲望。比如纸巾、剪刀、洗衣粉等日常生活用品，你可以经常搞一些促销活动。你一定要设计出可以吸引眼球的海报，用一种“呐喊”的方式来营造促销活动的气氛，让人感觉这是一次史无前例的促销活动，从而形成抢购的风潮。毕竟，低价促销的方式对老百姓的诱惑是很大的。

而对于很多人都不曾听说过的SEO，我是如何激发人们学习SEO的欲望的呢？很简单，我在我的博客上列举了大量的学员的成功案例，那些成功案例都是根据我的学员们的亲身经历撰写的，真实可信。成功案例对潜在客户有着巨大的吸引力，而对成功的渴望和追逐，一定会激发潜在客户学习SEO的需求和欲望。

4. 解决客户所有的疑问。

客户在购买你的产品之前，一定会有很多的疑问。你要尽可能地事先就把客户的所有疑问都列出来，然后一个个予以详细解答。你的解答一定要站在客户的角度，让客户认为你的确是真心诚意地为他们解决问题。你要把你的这些解答都写在你的网站（网店）上，让进来的客户马上就能看到。

对于客户提出的一些不可能满足的要求，你也一定要如实回答，无法满足就无法满足，一定不能为了眼前利益而做虚假承诺。客户怕的不是你的产品不好，而是怕你的承诺无法兑现。因为世界上没有完美的产品，你要做好的就是你所承诺的，比如贴心的售后服务。

比如我在做SEO培训时，我通常会写一个文案，文案里列出客户想了解的所有问题，然后予以详细解答。很多客户看完这个文案之后，基本就不用再来重复问问题了。他们会直接要我的银行账户，给我打款。有兴趣你可以去我的博客上看看我的文案是怎么写的，好好地学习一下。

5. 给你的产品写一个可以广泛传播的故事。

在产品同质化的市场里，要如何打造产品品牌，让客户牢牢记住你的产品品牌，以及让你的产品在客户群中形成良好的口碑呢？

最简单的一招就是：给你的产品撰写一个可以广泛传播的故事。

你一定要记住一个重要思路：任何好的产品，都需要一个好的故事去传播，因为产品是“硬”的，是冷冰冰的；而故事是“软”的，是充满了人性和感情的。所以，你一定不要去卖你的“硬”的产品，而要学会去卖“软”的故事。

我举一个简单的例子：前几年《喜羊羊与灰太狼》系列动画片深受孩子们的喜爱，于是衍生出了很多喜羊羊的玩具。吸引孩子们嚷着父母去购买喜羊羊玩具的，不是玩具本身，而是喜羊羊的故事。

我在2008年刚做SEO培训的时候，就明白故事传播的重要性。于是我开通博客后做的第一件事，就是把自己的创业故事写出来，洋洋洒洒写了17000字。这篇文章当时在阿里论坛里的点击率是20多万，创下了一个记录。20多万的点击率，表示这篇文章的关注度和传播度非常大，因而也使我在SEO领域小有名气。

国内做SEO培训的机构和个人不下千家（个），但绝大多数招不到学员，没有赚到什么钱。是他们的SEO水平不行吗？不是的。是他们没有做“故事营销”的概念，他们从没有想到过，要给自己以及自己的产品写一个可以广泛传播的故事。

所以，很多SEO水平很高的人也做不好营销。流量如果无法转变成销量，是没有任何意义的。

你一定要记住：一般情况下，客户在面对选择购买谁的产品的时候，更加偏重到那些故事写得好的商家那里去购买。

我们甚至可以总结出一个思路：客户购买的不是你的产品，而是你的故事。

没有故事，就没有营销。

第6章

SEO学员成功案例

有些人始终不相信自己，认为别人成功是因为有经验或者智商高，实际上任何人只要肯学，就能学会SEO，就能很好地利用SEO。

本章主要介绍一些学员的成功案例，通过这些案例，我想告诉读者，只要你努力，成功就属于你。

| 6.1 | 马勇：励志照亮人生，SEO改变命运

师从SEO培训师尹高洁先生已经近五个月，这五个月彻彻底底地改变了我的生活，改变了我的思想，改变了我的行为。通过SEO培训，塑造了一个全新的我，可以毫不夸张地说，励志照亮人生，SEO改变命运！

在未遇到尹老师的前半年的日子，应该算是我人生中最灰暗的日子。因为工作的原因，我从原来的公司采购岗位离职，满怀信心地转行做了销售。

本以为销售是很简单的事情，可是现实让我撞得头破血流。被公司外派到外地开拓市场大半年，却依然是毫无建树，自己当初可是立下军令状，要在三至四个月内打开局面的。可是现实却是，小得可怜的几个小单。每次回到总公司开会，听到老板的训斥，看到同事一副看笑话的表情，所有人看见我都躲得远远的，我的自信心受到空前的打击，找不到自己的人生方向，怀疑自己不是个做销售的材料。别的分公司的同事每次回总公司开会都是满怀激情，慷慨陈词这一周的工作进展、客户开发的进度、订单的状况。而我却只能低着头，心怀羞愧地静默。我害怕再去面对客户，鼓起勇气打过去的电话，对方只是一句“不需要”就打发了我，更甚于直接凶巴巴地挂了电话，让我以后不要再打过去；我害怕去直接拜访客户，面对客户那傲慢的眼神，我的心里慌作一团，该说的话一下子不知道跑到哪里去了，整个人呆在那里不

知所措；我害怕辛辛苦苦几个小时的路程去了客户那里，几分钟就被打发出来，更多的时候客户明明在公司，却随便找个理由拒而不见；我害怕千辛万苦给客户申请来的样品，在一两个月后就不知所踪，客户随便以“这次打样未通过”“这个样品暂未开发”为由来搪塞，而我却被公司的仓管笑话为浪费最多的人；我害怕每次都要申请特价、特批，被老大和财务批为不懂成本核算；我开始变得沉默，更加的沉默，我对自己没有了信心，丧失了勇气，我连怎么样去改变现状都懒得想。

就这样浑浑噩噩地过了一段时间，我明白这样下去是不行的。于是满怀着愧疚与歉意向老板提出辞职，要知道当初我可是与老板侃侃而谈，还写了详尽的计划书。可是现实就是现实，光纸上谈兵又有何用。

我又重新找了一家公司做销售，想换个环境，重新开始，振作起来，会慢慢地好起来。可是换汤不换药，还是老样子。没有订单，自己内心无形的压力更大，时刻怀疑自己，老板也不给什么好脸色。每个月规定的销售额就像悬在头上的一把利剑，我感觉自己充满了闷气却又不知如何发泄。拜访客户时，人家和你躲猫猫，就算见得到也很难深入交流，更多的时候是被直接拒绝。越是这样，就越陷入一个怪圈。每天的精神很差，虽然貌似在拼命工作，可是一天下来，却又不明白具体做了什么，一天又一天就这样过去。我就像无头苍蝇一样乱窜，心中充满了恐慌，又充满了浮燥，只是每日唉声叹气，却没有具体的应对措施。现在回想起来，是自己被自己打败了，自己已经否定了自己，放弃了自己，也没有积极地去寻找突破的方法。

偶然的一天，我在阿里论坛上发现了一篇博文《大学本科生在深圳的艰辛求职路》，文章主人公的经历彻底吸引了我，我一口气看完了这篇连载的系列文章，被主人公的复杂经历和顽强精神所深深震撼，并深深地记住了这个名字——尹高洁！连续几天，我只要一有时间，就查看尹高洁的博客，看他的故事，看他的文章，越看越激动，越看越沸腾。他的一切，不就是我想要的吗？面对命运的坎坷艰难，他都一一应对下来了，甚至于身上只有几百元，工作没有着落，濒临山穷水尽的日子，尹老师都从容应对下来了。我佩服他身上不服输、不怕难、勇于面对各种艰难困苦的精神。

同时我也注意到了他成功的方法，那就是SEO。我以前在百度上曾经偶然看到过SEO，不过当时并没有在意，因为我已经被那一串的专业术语绕昏了。在我的思维里，会SEO的人应该等同于计算机黑客一类的高手，像我这样的普通人学习SEO是可望而不可即的。可是尹老师在文章里说他之前是个电脑盲，也就是知道开关机而已。可是通过自己的摸索，已经建立起一套简单而又系统的方法，并成功地运用这些方法取得了巨大成功，收获了无数的订单，开创了自己的事业。

我的心开始动了起来，开始一篇接着一篇地查看他的SEO文章，阅读他的《SEO一定能帮你赚到钱》，他那富有激情的文字和言简意赅的讲解打动了我。如果我学会了SEO，我就可以主动地宣传自己，不用处处碰壁，可以轻松地开发客户，可以获得订单，可以赢得尊重，可以实现自己的价值。

我一刻也等不及了，迫不及待地加了尹高洁老师为好友，在阿里旺旺上和他进行了初步的交流，我们就像相识已久的老朋友，我心中的困惑和迷茫、对SEO的不解、对操作的疑问，他都耐心地一一答来。在聊了大约半个小时后，我下定了决心，一定要向尹高洁老师学习SEO。不过在给尹老师汇款的时候，我还是犹豫了，一共2000元的学费，其中包括1200元的培训费和800元的电子图书费用，这可是我一个月的工资，对于现在的我来说，这可不是一笔小数目。如果培训没有效果，或者说收了钱却根本就没有所谓的培训怎么办？但是，我又想起了尹老师的那些文章，想起了我和他聊天的内容，我想一个能写出这样激情的文字，能有这样曲折的经历，能如此地激发我的信心，和我如此谈得来的人，绝对不是个骗子，我相信尹高洁是个言行一致的人。

就这样，我成了尹老师的学生。课程如尹老师所说的那样简单而易学，而且全是实用的教程。上午设置的关键词，下午查看的时候，就已经排在了百度的首页。我怀着无比喜悦的心情，向尹老师报喜，向他分享我的快乐和感谢。

学习SEO的第三天，我就接到了客户的询盘。可喜的是，在连续跟进了两次后，客户开始跟我下单。在学习SEO的第一个月，我就收获了三个订单。我的干劲更足了，我甚至开始期待着每天的工作和每次的SEO培训，期待着尹老师又给我们带来哪些惊喜、哪些激励。

如果仅仅是SEO，我想尹老师恐怕不会给我如此大的触动和印象，更为深刻的是，尹老师把他的理念和奋斗精神渗透到SEO的课程中和平时的言传身教中，并毫无保留地告诉了我们。他用他的实际行动教育我们、鼓舞我们。而且他无时无刻不在向我们教授着营销的理念、传输着奋斗的精神。尹老师用了大量实际而生动的案例以及他自己的故事和操作经验，告诉我们如何将营销融入到SEO中，如何分析客户的心理和购买习惯，如何开发客户，如何与客户洽谈，如何与老客户保持长久的合作关系，等等。这一切已经远远超出了SEO的范畴，正如尹老师所说，他带给我们的不仅仅是SEO，而更多的是一种观念、一种思想。思路决定出路，SEO只是这个观念中的一种工具，还有许多细节和方法交融在一起，构成一个完整的体系。

尹老师是一个非常注重细节的人，他教给我们的很多方法就体现在这些细节中，很多SEO的关键，恰恰就是这些细节。这些细节我们平常都有看到、接触到，可是我们大多数人都没有仔细地对待，没有认真地看过、研究过。细节决定成败，通过向尹老师学习，我平时也变得专注起来，开始认真地考虑事情的来龙去脉，开始研究思考自己的工作计划和方案，开始积极主动地追击客户，开始认真地学习专业知识，变得越来越自信。这要是放在几个月前的我，简直是不敢想象的。一个又一个的胜利激励着我，鼓舞着我。现在我反而渴望见客户，因为这意味着成交。我会富有激情地去向客户介绍，就像尹老师平时在我们面前一样。摆正了心态，找到了方法，明确了目标，生活变得越来越充实，每天的目标都很清晰。同事都说我有了很大的变化。

还有SEO群内的同学，我们经常聚在群里交流自己的看法，倾诉自己的思路，探讨工作的方式，谁今天又接了订单，谁的产品又上了排行榜，群内的同学都不甘落后，你追我赶，今天你把我比下去了，那么我明天要更加努力，争取超过你，大家都充满了干劲，群内厉害的同学已经立出了赚取SEO的第一个100万元的口号了。虽然我们群里的同学的职业五花八门，有职业经理人、公司老板、淘宝的皇冠卖家，也有刚毕业的大学生、普通的白领、公司的业务员等，但是大家在群里都是互助友爱，共同学习。谁有什么新的想法，有什么好的思路，有什么疑惑，都知无不言，言无不尽。有这么优秀的老师，又有这么多团结友爱的同学，我们的SEO学习之旅一路上欢声笑语，其乐融融。

就在今天，我又接到了两个客户的询盘，其中一个想要购买设备，成交额约为7万元，达成合作的意向非常强烈。尹老师，我很庆幸，当我在人生的十字路口徘徊的时候遇到了您，在学习SEO之前，我根本没有想到会有像现在这样大的转变，我只想由衷地对您说一句，励志照亮人生，SEO改变命运！感谢您，我的老师，我的朋友！

6.2 雨露：害人的SEO，它让我被员工抱怨连连

一直都想写写学了SEO的感受，但前段时间实在是太忙了，忙得我每天晚上加班到十一二点才回家，整天累得回到家就只想躺在床上。虽然这么累，但生活却过得非常充实，对自已的事业也充满了信心，这一切都要感谢尹高洁老师。

我是在10月底无意之中看到尹高洁老师的《SEO一定能帮你赚到钱》这篇文章，当时抱着试一试的心态，我想不管做什么肯定要付出才能有收获，马上就在阿里旺旺上跟尹老师取得了联系，询问了付款方式，下午就把钱打到尹老师的账上了。

11月上了几节课后，老师就教我们如何做关键词，如何做博客营销，如何做内部和外部链接等一系列技巧。我按部就班地按老师教的方法去操作，关键词的效果立竿见影，很短的时间内我所有的关健词在百度和谷歌上就排名靠前了。

第二天询盘就开始多起来，第三天我就接到了一个来自顺德的客户的电话。他是通过阿里博客找到我的，他因要参展，所以产品要得也很急，很快就敲定了价格，要求我们先打样给他看，

样品合格后就去他们公司签合同。

收到他们公司的图纸后，我们就买材料打样，他要求的材料很特殊，要304不锈钢国标材质。

第二天我们就把样品送到他们公司了，当时他们老板看了很满意，当场就签定了合同。首批订单下了3000套，价格是18元/套，以后每个月还有10000套的订单，首批给我们打了预付金1万元。这1万元是长期的预付金，直到我们公司不跟他合作了，再把预付金退给他们公司，全部交完货后，马上结款。但是要我们无论如何要保证按期交货，因为他要参展。

所以，从接到这批订单开始，我们全体人员每天晚上都要加班到十一二点。我们的工作是两班倒的，上白班的员工也要加班到十一点才能下班，整整半个月，累得员工抱怨连连。员工跟我开玩笑说："什么鬼SEO呀，快把我们累死了。"我就对他们说："不要抱怨了，确实这段时间辛苦大家了，到时候给你们多加一点奖金。"

这个单还没有做完，另外一个客户又跟我联系上了，他是通过百度找到我的。他要订做一批易车铁的螺母，首批订单是5.3万元，他先付了6000元的预付款，余下的货款交完货后一次性付清。现在前面这个客户的订单已经全部交货了，就开始赶后面这个客户的订单。

我想在这里对大家说，学SEO真的有用，只要按老师的步骤去做。就像老师说的，没学SEO之前，是你去找客户；学了SEO，是客户找上你。这之间的区别有多大，相信不用我来说明。

现在我们厂的订单都排到下个月了，80%的订单来自于互联网，相信SEO，相信尹老师，他会为大家带来财富与生机。我作为一名SEO学员，觉得付出这点学费物有所值。

在这里我也要对我的员工说，不要再抱怨我了，我也是被SEO害的。如果哪位也想象我一样这么累，想找更多的订单，就不妨去找尹老师吧！

6.3 胡琳爱：我是如何通过20000个关键词把生意做到全球的

我叫胡琳爱，永康通标企业管理咨询有限公司总经理，从事管理体系认证、产品认证和检测行业。

我出生于一个偏僻的山村，父母是地道的农民，小时候生活清贫。中专毕业后，我在永康的一家工厂做一线工人，一做做了两年。当时觉得自己在这里可能没有发展前途了，因为大企业人才济济，也没有提升的机会。后来，我就买了几本书自学CAD、PRE等软件。学得差不多时，我就离开了原来的一线岗位，应聘技术部门的工作，没想到也混进去了。说实在的，当时真的感觉很意外，因而也更加珍惜这来之不易的机会。那段埋头苦干的时光，现在想起来，仿佛还在昨天。没有去想月薪，一心想的就是多学知识，尽快熟悉技术；一边看书，一边学习，一边工作，一边请教师傅；虽然付出了很多，但是很充实，很快乐！

2006年，我首次接触到认证行业。当时，我在技术行业做得非常累，一直在寻找一些机会。刚好原公司一位领导开办了一家认证公司，他盛情邀请我加盟。于是我从设计行业转到了认证行业，这样一做就是三年。这三年，是我学习和成长的三年。

2009年，我怀着满腔的热情创立了自己的公司，每天出去跑单，风里来雨里去，很是辛苦。对我这样的女人来说，确实是一种巨大的考验。

公司创立10个月后，我碰到了生命中的贵人——尹高洁老师，从此走上了网络营销之路。公司迅猛发展，展现出前所未有的美好前景，发展成为浙中地区颇有影响力和知名度的专业认证咨询服务企业。

尹老师是我的网络营销的启蒙老师。有一句话说得很好：读万卷书不如行万里路，行万里路不如名师指路。在我的公司最艰难的时候，我遇到了尹老师；在我创业最迷茫的时候，我遇到了尹老师。是尹老师给了我知识和力量，把我引领进电商的殿堂。在此，我想对他表达由衷的感激。

我与尹老师原本素不相识。2010年，我偶然看到了尹老师的一篇文章《SEO一定能帮你赚到钱》，进入他的博客，便被他的文章深深地吸引。SEO是什么，有这么神奇吗？我一定要听听，怀着强烈的好奇心，我报了名。万万没想到，正是因为这一次偶遇，让我走上了一条网络营销之路，让我的公司风生水起，从原来的孤军奋战，发展到现在的强大团队；从原来的不起眼的小公司，发展成金华及周边地区知名的服务型企业。我深知，电商之路没有尽头，我仍在这条道路上探索、追寻，渴望有更多惊喜、更多收获。

网上有一篇关于我做了5000个关键词的文章，很多人都觉得这不太可能。而实际上我做了起码有20000多个关键词，光在阿里巴巴网站上就做了4000多个。能做到这一点，也许和我从事的行业有关。我从事的是认证、检测服务工作，对象是所有的产品和所有的企业，内贸和外贸都需要，而且我的认证和检测的行业项目很多。

SEO方法其实很简单，只要会打字的人就会，没有太多的技巧，执行才是关键，持之以恒很重要。首先是关键词的推广，其次是对老客户的再次营销。这两点做好了，订单就做不完了。

询盘只是开始，更多的是后续服务。最关键的一点是，站在客户的立场，解决客户的问题。很多时候只要服务到位了，业务也是水到渠成的结果。有时我从来没想过签单，只是希望帮助客户解决他们的问题。他们马上说："可以可以，要多少钱？"单子就这么下来了。还有一些订单是客户介绍的。

像我们这种行业，一定要站在客户的角度，真心实意地帮助他想办法和省钱。怎么省钱怎么做，怎么简单怎么办。客户不懂的，我们要耐心解答。所谓技巧，就是解决一个又一个问题，后续的服务才是决定成功与否的关键。

可以说，我现在的一切都是靠着自己的毅力、勤奋赢来的。

感谢我创业道路上的导师尹高洁老师，他是我生命中的贵人。正因为有他指点迷津，我的人生才变得更为丰富多彩。借此机会，我真的想对他说声谢谢。

6.4 李欣颖：利用SEO知识和SEO圈子我做到8000万元

我是一名80后女生，初中毕业后就来到了深圳，没文化、没技术的我，在经历了很多困难后，一次偶然的机会幸运地进入了先科集团，做了一名在前台负责接电话、端茶倒水的文员。心有不甘的我一边工作一边买了很多书来学习充电，并自学了电脑、会计，也顺利地从前台转到财务科。在先科集团的一个下属企业工作了两年后，因为企业转型，工资降了一半，这时我辞职去了一家工业地坪公司工作，一做就是十几年。

后来家里发生了很多变故，花光了所有积蓄，家里还欠了一屁股债。握着口袋里仅有的两百元，看着家里的老母亲和年幼的儿子，我很着急。我想尽一切办法赚钱养家，每天下班后就去摆地摊，但我终究跑不过城管，摆地摊不是长久之计。

既然摆地摊不成功，那就利用自己手上的资源，利用业余的时间跑工业地坪业务。每到周末，大家在家休息的时候，我要去走遍深圳的每一个保税区、每一个工业园。从深南路的东边跑到西边，走烂了好几双皮鞋，后来顺利地把康佳集团的展厅及几千平方米的厂房的订单拿下来了。最终拿到手的提成依旧少得可怜，我上有老下有小，光靠工资哪行，我还有远大的梦想要去实现。

我表姐夫是开鞋厂的，他们家有货源。我在2008年开了个淘宝店，业余时间就在网上卖鞋，没事的时候就去阿里巴巴逛逛。一次偶然的机会逛到了尹高洁老师的阿里博客，他的那一篇《SEO一定能帮你赚到钱》深深地吸引了我。我一口气把老师在阿里博客里发表的所有文章都看了一遍，当时就有了要赚到100万元的愿望。但要赚到100万元谈何容易，一个月工资才几千元，交完房租、水电费、生活费还能剩下多少？于是，我整天琢磨着如何才能赚到100万元，实现财务自由。

经过深思熟虑后，我还是决定做工业地坪，我的老板能做到的事情，我也应该能做到。在接下来的几天里，我把老师的博客翻透了，也加了老师为QQ好友，感觉老师的SEO好厉害。我把自己想学SEO的想法跟我们老板讲了，老板一点都听不进去。我说花点钱开个诚信通，他死活都不愿意。既然老板不愿意，那我就自己花钱来做，下定决心交学费跟老师学SEO，想变得跟老师一样厉害。交学费的时候才傻眼了，卡上只有700多元，还要留点伙食费。我鼓起勇气跟老师说先交500元学费，过几天再交余下的，没想到老师马上就同意了。在此再一次感谢老师给我的那一次机会。

2011年，我找老妈要来我平时寄给她保存的几万元，立即注册了一家公司——深圳市阿斯夫工业地坪有限公司。因为开诚信通要营业执照才行，所以我找同学帮忙做了一个独立网站，自己一边学一边操作。其实我是这个世界上最笨的女子，那时候发产品信息，发一条产品才去找一条产品的图片，以至于180条信息发了6个月才发完。

当时也没有想过要在网上接多大的单子，因为以前我们老板的公司网站只是用来给已经成交或是正要成交的客户看的。

功夫不负有心人，没过多久在阿里巴巴上来了一个询盘。刚开始我根本没在意，因为我要上班，所心让我表弟给客户送了一份公司简介及一些自己公司的证件之类的东西过去。表弟回来一描述，我知道自己的机会来了，马上设计公司的宣传册，找人印刷了两千本画册，很快亲自带上画册赶到客户公司去面谈。我很轻松地签下了东鹏饮料工厂的地坪项目，后来我又陆陆续续签下了很多单子……2013年10月我正式辞职，出来做自己的阿斯夫品牌，2013年个人销售业绩达到900多万元。

在工业地坪行业做了十几年，客户资源有了，工程项目也顺利接到了。工程前期都要投资好些钱，刚好有人比较欣赏我的为人处事及远大理想，愿意投资几百万元，前前后后投了差不多800多万元到我们公司。资金的问题解决了，也到了我大展身手的时候了。做着做着，自己的胆子也就变大了，接的工程也越来越多了，也想把自己的品牌做到全世界去。

我不是尹老师最好的SEO学员，但我抓住了尹老师在这个圈子里的人脉，结识了老师的很多厉害的学生，并和他们成了好朋友，老师的好多学员成了我们公司的代理商。通过尹老师及同学们的互相推广，我参加了尹老师的学生开办的日志训练营，开始写日记。老师的一句话点醒了梦中人，我听了老师的话开始写创业连载文章，写了二十来天，想了解我们公司的人就有三十几位。尹老师给我写了一份招商计划书，现在已成功招了52位代理商，2015年公司总业绩突破8000万元。在大家的共同努力下，我们把阿斯夫品牌做到了全国各地，产品出口到了五六个国家。

下面说说我的一些感悟：

（1）付出与收获果然是成正比的。

（2）做任何事情之前要学会分析，只要自己认为是对的，就坚持做下去，不要过多地听别人的话，要相信自己的判断力。

（3）无论什么时候遇到任何人都要谦虚，虚心向身边的每一个人学习，因为每一个人身上都有闪光点。

（4）做事胆子要大，心要细，也不要怕东怕西的，有些事情不去尝试永远不知道结果会怎么样。

（5）要有吃苦的精神，吃得苦中苦，方为人上人，天下没有掉馅饼的事。

（6）把人做好了，好事自然就来了。

感谢：

（1）感谢自己，感谢自己的坚持不懈。

（3）感谢尹老师每一次的指点。

（3）感谢尹老师培养了这么多优秀的同学，有十几位同学加入了我们阿斯夫公司而且都做出了不错的业绩。

6.5 苏彩琴：SEO让我从零起步，半年做到上千万

我叫苏彩琴，是来自湖北农村大山里的女孩，家庭环境不算很好。我在上学的时候就向妈妈承诺：长大后一定要在大城市买房买车，接妈妈走出农村过上好日子。所以，在学校时我就想着毕业后要自己创业。毕业至今，从工薪族到多次创业，我经历了许多的失败、挫折、苦涩、艰辛，当然也曾有过辉煌的时候。在这个漫长的过程中，我一直认为学习是最有价值的投资，所以我从未放弃过学习，每一次的成长和成功都源于不断地学习。在这里，我想跟大家分享自己从2012年至2015年这三年时间里的创业经历。在这三年里，当我从最高点一落千丈时，是SEO帮我东山再起。

我的第一家公司成立于2005年，最初只是一家面积只有30多平方米的小店，代理某品牌电脑，公司的经营模式一直是传统实体店的零售及批发的形式，且只限于在当地销售。在2008年时，我开始开分店。截至2012年年初，我已经在当地开了5家分店，2012年的营业额达到5000万元，成为我们江苏昆山当地最大的品牌电脑代理商。

但在2012至2013年间，整个电脑行业特别是实体门店受到互联网的冲击，实体门店的成本越来越高，网店商品价格低廉，员工的工资逐渐上涨，我们的经营也受到了很大的影响。但厂家

规定的任务量却越来越高，任务必须全部完成，资金却不够，厂商联合银行帮助我们贷款，并鼓励代理商在当地开旗舰店或一站式购物的3C数码大店面。那两年我们又陆续开了3家大店，共投入300多万元。而新开的旗舰店和3C数码店并没有想象中的那么好，反而增加了公司的运营成本，这时公司开始出现亏损，最高时负债近300万元。

那时的我陷入了人生的低谷，内心脆弱到不堪一击，曾几度想放弃事业。但这么多负债如何偿还，跟随我多年的员工怎么办呢？我不甘心，我必须让自己振作起来。我告诉自己，这是一件很小的事情，我相信自己一定可以渡过难关。

同时，我在反省导致这种情况发生的原因，我一直在认真思考，如何找到解决问题的方法，如何让自己走出困境。

（1）在更多的时候，选择比坚持更重要，选择需要智慧与技巧；坚持，则更多地表现为一种毅力和勇气，该进则进，该退则退。

（2）既然这个项目已经不再适合，就要果断退出，不要做顽固的坚守，否则只会让你雪上加霜。

（3）企业盲目扩张一定会存在隐忧，保持谨慎发展的原则，能让企业走得更远。

（4）人一生总会遇到很多问题和困难，这些都是走向成功必须经历的磨炼与考验。困难时期更要冷静定位，有痛点并不一定是坏事，但要想清楚怎么解决。

（5）真正的坚持是做好下一次判断与选择，然后在你选择的那个大方向继续前进，这才是真正的大坚持。

电脑实体店让我巨额亏损后，我想是重新选择的时候了。我迅速投资了另一个行业，这次的投资起源于：这些年来，我一直希望我们公司有一个自己品牌的产品，同时希望这个产品能为用户带来价值，并结合我们这些年来服务行业的经验，为用户提供更好的差异化服务。为了创业，多年未回家过春节的我，在2013年回家过春节时，惊喜地发现家族里面许多亲戚朋友都从事这个行业至少五年以上，有很多资源可以利用，所以我选择了LED照明行业。

再次创业遇到了重重困难。

（1）厂房租下来后不到一个月，由于感冒咳嗽，我到医院检查时被告知需要动手术。4月21日动完手术后，医生又告诉我需要休息2个月左右，可我坚持7天后出院，因为工厂还没有正式投产呢。动完手术的我几乎半年内都不能说一句完整的话，也不能接听电话，我坚持每天锻炼，身体逐渐恢复。

（2）只有实体店经营经验的我不懂工厂运作和管理，唯一的优势就是这些年来积累了一些企业客户，所以订单来源只是一些项目客户和工厂客户，而这些远远不能支撑一个工厂的生存，更不用谈发展了。

（3）订单不够工厂生存和发展时，通过电话营销、业务员上门拜访客户、参加展会等业务模式，成交客户还是少之又少。

（4）我想到了网络推广，可是我不懂网络推广。曾经交了2万元通过百度做过竞价推广，虽然有询盘，但是没有成交。也曾通过三家第三方网络公司做过推广，他们每一家都承诺一至二个月内一定让关键词出现在百度前三页，或者使我们的产品在阿里巴巴中国站排名靠前，但最终都没有实现他们的承诺。时间就这样过去了整整一年，原本就有负债的我，现在只能用伤痕累累来形容。

引用马云说的一段话：“一家企业没有经历过残酷时代，

没有经历过内痛，没有经历过外斗，是经不起风浪的，公司的改革是不可能在好的时候进行的，改革是被逼出来的，创新也是被逼出来的。”这些年我经历了这么多，我不再像以前一样弱不禁风，也不会轻易被击垮。无论行业竞争多么的厉害，经济形势多么的不好，都会有许多优秀的企业生存得非常好，我想我就要做逆势发展的优秀企业。

这时，我想到了通过互联网销售我们公司的产品肯定是势在必行。依赖第三方网络公司做推广不仅要每年付费，还不一定能让我们有很好的排名并最终将产品销售出去，那么只有学习才能让我们自己拥有这样的技能。

一次偶然的机会，我在阿里巴巴看到了尹高洁老师的一篇文章《SEO一定能让你赚到钱》，我反复地看了很多遍，并进入尹高洁老师的阿里博客看了几篇文章。多年的经历让我认定，我们公司的发展和公司产品靠SEO一定可以出人头地。于是，我果断报名参加了尹老师的SEO培训。2015年5月下旬，我和我老公从江苏昆山飞到深圳参加了尹老师的第七届SEO学员聚会，在聚会上看到一些比我先学SEO的学员主动分享自己通过SEO全国性推广产品和公司的案例，那种写在脸上的自信及成功的喜悦感染了我。我心中激情澎湃，这让我更加坚定，现在我只有通过SEO才能改变我的现状，才能让公司有更好的发展。

我与多名学员交流，学习他们成功的经验，也向尹老师请教了很多问题，深深地记住了尹老师的一句话：狠狠地执行，一定可以达到你想要的效果。

回到昆山，我将尹老师的课程反复地看了三遍，并整理出适合我们LED照明行业的SEO方案。“SEO独孤九剑”（阿里SEO+独立网站SEO+博客SEO+论坛SEO+B2BSEO+问答SEO+文库SEO+

视频SEO+微博SEO），我最先选择了执行“阿里SEO+B2BSEO+问答SEO”。我开始整理产品图片和文字信息，并在阿里巴巴和B2B网站上发布产品信息，每天发布20～50条，同时在产品图文信息的最下面增加了问答SEO。

在2015年6月中旬，这时离我开始学习SEO只有20多天的时间，我开始每天接到至少三个来自全国各地网络询盘的意向客户。这里所说的意向客户就是已经经过筛选，近期或当天即将会成交的这种客户。我们的产品不是快速消费品，而是使用寿命较长的照明产品，主要适用于工业照明和工程照明，比如工厂车间、仓库、办公室的照明产品，以及户外广场、大型超市、体育场馆、展示厅、专卖店等场所的照明产品。有些客户还需要为其特殊定制生产，所以这些客户不会看了立即就购买，我们也需要经过与客户进行一些沟通，从客户的需求出发，推荐适合客户的产品。所以，我将客户进行了细分，根据客户对产品的不同需求，将客户分配给了相应的产品经理跟踪和维护。让我惊讶的是，通过网络搜索产品信息而找到我们的客户，对我们的可信度和认可度远远高于我们之前所有业务模式开发的客户，之前我们谈一个客户的周期是，优质客户大概10天至一个月左右成交，但大多数客户需要经过多次上门拜访或电话沟通，成交时间长达几个月，甚至是一年多才成交的客户也有，而现在通过SEO接到的客户，当天成交的都有，而意向客户大部分都不用超过10天就会成交。

对于我们多年来一直从事实体店服务行业的公司来说，我们一直非常注重客户的体验和对客户的差异化服务，产品专业知识也是每个人必须具备的最基本的条件。我们不缺产品、不缺专业知识、不缺业务技巧，我们就缺客户源和客户对我们的认可，

SEO为我们带来的客户源，SEO问答让客户对我们和产品有了了解，让我们的业务员如鱼得水，7月初的一个星期内我接到了18万元的订单。这让我更加有信心。经过尹老师不断地指导，我也对产品进行了不断地优化，询盘量和订单量逐渐上升，截至2015年12月，我做SEO网络推广也有半年时间了，我接到了近千万元的订单。在很长一段时间，“SEO独孤九剑”的其他几剑我一直没能有时间去用上，未来我计划投入更多的精力去做SEO。

随着订单逐渐增多，我意识到品质、服务、售后、产品细节、创新成了最需要重视的问题，而一个公司的商业模式、运营和管理能直接决定一个公司是否能发展壮大。在2015年快结束时，我再次选择了飞往深圳，参加尹老师的第十二届“超级演说家”的培训，四天三夜的培训让我整个人比之前更加的自信，有了质的蜕变。

我没有太多的华丽用语，我只想说出一些真实的感受，用一句话概括我现在的感慨：学习是最有价值的投资，学习是对自己最好的投资，值！用一句话概括我对尹老师及其公司的印象：花旗卓越的五位老师各自有着不同的擅长领域，实实在在地帮助了很多人，我跟定你们了，跟你们学习就足够了！

附 录

尹高洁：我的创业故事

我觉得有必要对我这些年来的创业经历做一个详细的回顾。曾经背负着一身的债务，曾经陷入长达半年的半失业中，曾经穷困潦倒到没有钱吃饭，到经历多次创业的失败，再到靠着先进的网络营销方法创业成功，这段经历就如同一个传奇，深深烙进我的生命。夜半时分，当我走到阳台上，仰头看皓月当空，恍惚间听到悠远绵长的狼嗥声。那一刻，我感觉自己被一种宏大的力量托起，灵魂在浩淼无穷间奔驰呐喊。

我最喜欢的一句话是：**上帝啊，赐予我力量吧，让我完成想完成的事业！**无论在什么样的困境当中，无论遭遇什么样的失败与挫折，我从来没有放弃过对美好生活的追求，从来没有放弃过一定要成功的信念，因为总是有一种力量让我充满激情，总是有一种力量让我奋发图强，总是有一种力量让我泪流满面。

再次回忆是一件痛苦而艰辛的事，但我知道，我必须要完成。

1. 那段穷困潦倒的日子。

我的家乡是湘西南一个边远的小镇。家里开了个门面，以前卖服装，后来改卖杂货，再后来又改卖皮鞋。无论做什么，似乎都没有赚过什么钱，反而欠了很多债。在我的印象中，那些债似乎是无穷无尽的，永远也还不清。直到我参加工作几年之后，才和弟弟一起逐渐把家里欠的债还清。所以，20多年里我的家庭一直非常窘迫。从小到大，我很少添置新衣服。一件蓝色布夹克，我从初中三年级一直穿到大学毕业，现在还放在我的箱子里，都成文物了，也没舍得扔。

大学四年，我同样过着极度窘迫的日子。在穷困的日子里，唯一能给我精神慰藉的就是书。我成天泡在图书馆，如饥似渴地阅读各种书籍。我深信只有读书才能改变我的命运。那时，我期盼着早点大学毕业，找一份好工作，尽早把家里的债还清。家里的债已经把我和我的父母压得喘不过气来。

终于毕业了，熬过了大学四年窘迫的日子，我想终于到了解脱的时候了。当我满怀希望地去找工作的时候却到处碰壁，没有一家单位肯要我。

很偶然的一次机会，我跟一个在深圳工作的朋友联系上了。跟这个朋友交流了一番之后，我决定去深圳闯荡。

我上大学时学的专业是思想政治教育专业，毕竟是学文的，想找一份文职工作，可是这样的工作在深圳似乎很难找。天天往人才市场跑，却没有一份工作是适合自己的。天晓得当时我身上只带了区区400元。400元在深圳可以花多久不用我多说。所以我很快就陷入了狼狈之中，而工作却遥遥无期。

在这里我要开始谈一谈朋友了。我是个比较开朗的人，朋友很多，对待朋友我一向很真诚，也很大方。虽然我本身没什么钱，但是在朋友找我借钱的时候，我从不会皱一下眉头，总会从自己少得可怜的生活费里挤出一些来。我这个人脸皮薄，别人借钱不还，我也不好意思去催人家（到现在还有几个人没还呢，虽然只有区区几十元，呵呵）。有一个女性朋友，是我高中时代起就非常要好的朋友，也是同一个大学的校友。她是有钱人家的小姐，花钱如流水，每个月的花费都在800元以上，有时甚至要超过1000元，对此我只有遥望的份。我每个月的花费基本在150元左右，可是她还要经常向我借钱。因为是朋友，不好意思不借，所以省吃俭用地借给她，一借一两百元，借出去就别想要回来了。你看到这，可能会比较气愤，说这样的朋友不要也罢，是好朋友就不会这么不懂事。但是那时我似乎比较单纯，觉得既然是朋友，那就少点斤斤计较。她这个人还是很不错的，大方，热情，除了要钱要得狠一点之外，其他的都好。不管怎么样，大学期间，我和她相处得还是很愉快。

她念的是专科，早我一年毕业。和其他的朋友一样，她毕业之后与我的联系也少了，但我始终把她当成我最要好的女性朋友。

现在我在深圳找工作，生活上已经濒临山穷水尽的地步，我第一个想起的就是她。我觉得以我跟她的交情，不要绕圈子，直接提出向她借钱急用。我以为她会很痛快地答应的，因为她是没有任何理由不答应的。

结果你已经猜到了，是吗？是的，一个很俗气的结果，一个大千世界每天都在发生着的已经见惯不惊的结果。她拒绝了，她冷冷地拒绝了我，她似乎觉得我向她借钱是件非常可笑的事情。

在一瞬间我忽然觉得我做了件傻事，可是这件傻事也让我迅速地变得成熟起来。以前我总认为，朋友就是朋友，玩得好就是朋友。可是这一刻，我开始咀嚼起"朋友"这两个字的内涵来。什么是朋友？真正的朋友应该是怎样的？

在你遇到困难的时候对你避之不及的人，绝对不会是你的朋友！

真正的朋友是在你遇到困难的时候仍然对你不离不弃的人！

这样的道理谁都明白。如果这两种人你都碰到过，那么我要祝贺你，你将看透人性，有更深刻的人生体验。

在我极度困难的时候，我最要好的女性朋友从此与我绝交了（真的，从此以后我们再也没有任何联系）。而与此同时，我最要好的男性朋友，就是那个在深圳工作的朋友，向我伸出了他温暖的手。他不仅给我交房租，而且主动给我钱（我想在此强调一下，我从来没有开口向他借过一分钱，每次都是他问我还有没有钱，然后主动把钱给我，而我根本不清楚什么时候可以把钱还给他）。他当时的工资也不高，一个月才1500元，可是这1500元要支撑两个男人的所有生活开销。在最困难的时候，他身上只有200元了，可是他依然毫不犹豫地给了我100元。

一生能碰到这样的朋友，你可以知足了。你不会再去抱怨你的生活对你无情无义。所以，即使生活再艰难的时候，我都不觉得孤独。我咬着牙，挺立身躯，面对残酷的生活，屹然不倒。

一个多月后，我终于找到了一份工作。但是别高兴得太早，因为不久你就会知道，我艰难的生活因为这份工作才刚刚拉开了序幕。

这份工作是通过街头招聘广告找到的（这里提醒一下正在找工作的朋友，尤其是刚毕业的朋友，千万别相信街头招聘广告，不然上了当你哭都来不及。在深圳找工作，你只能相信一个招聘市场，那就是深圳市人才大市场）。公司的名称叫××外贸工作站，据说是深圳市××局下属的一家公司（后来才知道根本没有注册）。我应聘的是采编人员。“采编”两个字把我误导了，我以为是采编记者。大学时代，我最高的梦想就是当一名心忧天下的记者。心想，这下可圆了我的梦啦。可是一培训才知道，原来就是广告业务员。这个所谓的外贸工作站准备做黄页，需要采集深圳市所有的外贸公司的资料，然后叫那些登记资料的公司在黄页上做广告。当时我就有种上当受骗的感觉。但是想着自己找工作找了这么久，再找下去也不知道何年何月才能找到，并且面试的人说一个月800元，心想有800元总比现在漂着来得好，所以就安心干下去了。

这个外贸工作站大量招聘新人，大家的工作就是每天去“扫楼”，拿着××局下发的红头文件，从写字楼的最高层一直到最低层，一家公司一家公司敲门，跟每一家公司的前台说：“你好，我是深圳市××外贸工作站的，为配合××局的工作，对深圳所有的外贸公司做一个调查，请你们的负责人填一下这个表，好吗？”愿意配合填表的公司非常少，绝大多数公司都会对这种陌生拜访的业务人员嗤之以鼻。我就好几次被粗暴地轰了出来。但没有办法，为了生存，我还是要继续到下一家公司去，把同样的话再说一遍。

过了一段时间，大家都有了资料，于是便开始给那些登记过资料的公司打电话，说我们有这样或那样的服务，你们愿不愿意做这样的广告。外贸工作站对我们没有任何营销技巧上的培训，就由着我们自己瞎干。那么多人，一个月下来，业绩全部为零。

虽然没有做出业绩，但工资应该还是有的吧。大家都习惯性地这样想。现在有很多无良企业主公开叫嚣，说深圳不是养人的地方，只有通过自己的劳动才有饭吃。这话乍看有理，实际上他是偷换了概念。他的意思是，你只有做出了业绩，我才给你发工资，没有做出业绩，休想从我这拿一分钱。可是聪明的企业主，我们的确不奢望你们来养，但是最基本的生活保障你们总得给我们吧，你们要我们给你们干活，总得让我们先活下去吧。可是那些无良的企业主连给你活命的机会都不给。这个打着××局招牌的外贸工作站的负责人更加无耻，本来在招聘我们的时候说得好好的，一个月800元，但是到该发工资的时候却一分钱也不发。他给出的借口是，一些钱还没有到账，要我们等几天。好，我们就等几天。这一等，居然就是好几个月。这几个月里，负责人屡次推迟发工资的时间，并且信誓旦旦地承诺哪天哪天发。我们所有的人都骑虎难下。走，工资就拿不到了；不走，在这里几乎是等死。

最后我还是走了。因为我实在撑不下去了。我的所有生活费用都是我的那位朋友无私地资助给我的。我自己也是每天省吃俭用。上班绝不坐车，宁可走上三四里路；不吃早餐，午餐是买两个馒头充饥，晚餐是回屋后自己买点小米做着吃，甚至还经常饿着肚子去跑业务。我想在这个年代很少有人饿过肚子吧。而我的的确确是没有吃的，只能挨饿。我曾经创下了一个月全部开销只用了150元的纪录（这可是在深圳啊，不可思议吧）。最后在向负责人辞职的时候，我只提了一个要求：给我100元，我走人，我还没有吃饭。

我相信，那段饥饿的日子会永远像秤砣一样悬挂在我的生命中央，不时来回晃动，沉重无比，它时刻提醒我，那样的日子你永远不要再去过第二次。

2. 感悟：我的朋友，我的父母。

离开那家骗子公司之后，又过了一个多月，我才找到另一份工作，是在超市做促销员，月薪800元。这时已经是2003年12月。也就是说，从我大学毕业的7月起，一直到12月，整整半年时间，我全部的收入只有那个负责人像打发叫花子一样给我的100元，而这100元在我重新找工作的时候没几天就花完了。

在超市做促销员实在是权宜之计。因为当生存都无法保证的时候，你是没有选择的权利的。但那时虽然正常上班，想到自己读了那么多年书，毕业后居然沦落到这种地步，实在是很不甘心。不久我就离职了，找到一家礼品广告公司，月薪有1350元，几乎翻了一番。我的生活这才慢慢有了好转。我再也不需要朋友的资助了，经济上实现了某种程度上的独立。

我很感谢我的这位朋友。如果没有这位朋友在我最艰难的时候那么无私地帮助我，我真的不知道我会过着怎样风餐露宿的落魄生活。实际上还有很多比我过得更艰难的人，他们怀着梦想来到大都市却四处碰壁，举目无亲，只有露宿街头。我就经常看见一些在公园里过夜的人，他们衣衫褴褛，蓬头垢面，面黄肌瘦，神情委顿，他们的眼神空洞无边，绝望无助。他们的身边只有一个小小的袋子，那是他们全部的财产——一文不值。有时我真想对他们说，回去吧，这是一个残酷的世界，这里没有你们的梦想，这个地方永远不属于你们。

很无情很心酸的话，是吗？但这的确是现实，血淋淋的现实。

我很庆幸我有这样一位好朋友。事实上我们从高中一年级开始成为朋友，从少年时代起就建立了深厚的友情，而我也用心经营着这份友情。在他无私地帮助我之前，有一次他女朋友来看他，在他那住了几天，而那时我知道他经济上出现了困难，所以不等他说话，就主动把几百元放在他的桌子上。我们彼此帮助对方，却从来没有说过感谢的话，因为觉得那是多余的。

那年的寒假，我没有回老家过春节。原因很简单，我甚至连张车票都买不起。

一直以来，我觉得愧对家人，愧对父母。我们兄弟二人，弟弟读书不行，早早辍学，所以父母就把所有的希望都寄托在我身上，把我培养成了一个大学生。我考上大学时，是我父母最风光的时候。因为家里穷，所以父母在别人面前总是抬不起头来。改变家里人在别人眼中的地位，那时只有一条路，就是我考上大学。所以我发奋图强，终于考上了大学。那一刻，积压在几辈人身上的大山好像一下子就卸去了。家里人终于扬眉吐气了。或许现在，考个大学没什么了不起，但在那时，在那个偏远的地方，考上大学的确是一件非常荣耀的事情。

考上大学之后，家里人都认为，彻底改变家里命运的时候就快到了，因为只要我毕业参加了工作，所有的债务就可以马上还清，我们一家人就可以过上好日子了。一家人畅想着美好的未来，其乐融融。简陋的房子里，一家四口，说着最朴实无华的话，充满了幸福。

可是现实情况呢？毕业之后居然是这样，无论如何我都没有想到。我觉得自己挺没出息，对不住父母，没脸跟父母交代。所以在那半年穷困潦倒的日子里，我从来就不曾给家里打过一个电话。父母都急疯了，以为我出了什么事。后来打电话给我，把我狠狠骂了一顿。我既心酸又难过，不知道该如何解释。我心里一直想的是项羽的那四字真言：衣锦还乡。等到自己成功的时候，开着小车，带着美丽的女朋友回家，在亲朋好友面前显摆显摆，那是多么风光惬意的事啊（你不要笑我，估计你的想法也跟我差不多）。现在想来，想法的确是不错，但是不管在外面混得怎么样，还是该跟家人多多联系，免得家人牵挂。家人当然在乎你在外面混得怎么样，但是更在乎你本人。所以再忙也要记得给家人打个电话。我现在每个星期都会给家里打个电话，有事没事说上几句，总会感觉温馨亲切。或许一个人在外面飘零日久，更在乎听到亲人的声音，在乎那种温暖的感觉。那种声音是你在异地他乡劳碌打拼后仰望星空时听到的最美好、最动听的音乐。

3. 创业意识的产生：只有创业，才可以真正改变自己的命运。

后来我又先后做过好几种产品的销售，防火墙、品牌电脑、服务器、UPS（不间断电源）、视频软件、电子商务、网络广告以及网站建设，这些IT产品的销售经历对我来说都是宝贵的经验财富。正是因为这些不同的产品的销售实践，才让我逐渐对营销有了更多的认识。

我一直有一个观念：只有做销售，才可以真正改变自己的命运。我也的确是这样去执行的。但是后来我却惊讶地发现，无论自己多么努力，自己的命运仍然未能改变。虽然我已经实现了经济上的独立，并且还与弟弟一起把家里的债还清了，但是到头来却发现自己在银行里的存款仍然是零。这让我开始思索问题出在哪里。

直到有一天，我读到一本书。

那本书的名字我忘记了，只记得书中介绍了十位白手起家的富豪的创业经历。说实话，我以前还真的从来没有留心过这方面的书籍，也从来没有想过要自己创业。可是这本书完完全全开启了我创业的念头。像一个沉睡了千年的石猴，终于破石而出，我被一种全新的工作方式震惊了。我终于明白我的命运至今无法改变的根源在哪里了。

所以，我现在要修正我的观念。销售，要看给谁销售，是给企业销售他们的产品，还是给自己销售自己的产品。而我一直以来存在的误区就是，把销售单纯地理解成给企业销售他们的产品，也就是给企业打工。这是我长期以来被各个企业洗脑后的结果，因为企业需要你为他们工作，并且他们拼命给你灌输的理念就是，只要你努力工作，业绩好，你就可以过上好日子。可是，给企业打工，能真正改变自己的命运吗？答案已经出来了：不能。

所以，修正后的观念应该是：只有创业，才可以真正改变自己的命运。

所以，如果你还没有创业的意识，那么请现在就开始确立创业的意识；如果你仍在考虑创业，那么请尽快寻找创业的项目，立即着手去做；如果你已经走在了创业的道路上，那么请一如既往地坚持下去，不管道路多么曲折艰难。

因为，这是唯一能真正改变你命运的途径。

4. 第一次创业：摆地摊血本无归。

摆地摊也能叫创业吗？是的。

我记得有几位亿万富翁也是从摆地摊做起的，但这并不是说，我就一定要傻乎乎地从摆地摊做起。如果条件允许，我完全可以从更高一级的层次做起。我似乎可以理解那几位亿万富翁为什么是从摆地摊做起的，那是出于他们当时自身资金条件的限制，而我当时最缺的就是资金。我的银行存款仅够维持我的生活（我是一个很孝顺的人，我每年都会给家里寄一笔钱，所以我的生活仍然是比较拮据的，好在我很节省，从不乱花钱），没有多余的资金来做其他事情。但是我认为，刚开始时，我要用最小的成本来获取创业经验。

我在礼品市场转了一圈，进了100多元的小饰品，我觉得这些小饰品都很可爱，估计女孩子会很喜欢。我送了一个给朋友，她看起来很喜欢，这让我充满了信心。冲动之余，我把工作都给辞掉了，打算专门来做这个。

我住在福田区岗厦村，这是一个很热闹的城中村。我就把地摊摆在人流量很大的新一佳超市门口的天桥上。从早上八点一直到晚上十点，只卖出去几个。我又累又饿，又极度郁闷。第二天，生意更差，一个上午才卖出去一个。我就对自己的产品产生了怀疑：这个东西难道这么不受人喜欢吗？

后来，我又进了一批草头娃娃，生意仍然不好。我在阿里巴巴上看到过一篇文章，说一个女的卖草头娃娃赚了100万元，所以我也照着她的方式去卖草头娃娃。但是郁闷的是，我的草头娃娃根本无人问津。

到底出了什么问题呢？我也像别人一样，时不时吆喝了；面对顾客的时候我也是笑容满面，热情介绍我的产品；价格只要合适，我也绝对可以卖。但奇怪的是，产品就是卖不出去。

后来跟旁边一个摆地摊的人闲聊，他说，你看你根本不像一个摆地摊的，摆地摊的有穿得像你这样的吗？

我穿得怎样？一身干净的白衬衣，深色西裤，皮鞋擦得亮堂堂的，头发梳得一丝不苟，形象非常职业，一个标准的公司白领。这已经是我的穿着习惯了。可是的确，别人对这样一个穿着职业的人，不大敢相信他是个一天到晚专门在天桥上摆地摊的。

我哑然失笑，于是换了一身普通的衣服。但是奇怪的是，销售结果并没有好多少。

后来我终于对摆地摊失去了信心。我想，我可能真的不适合摆地摊。或许，我还没有找到更适合我的营销方式吧。那么，我会继续摸索。

摆地摊亏了，好在本钱没多少。对于我这种零存款的人来说，吃饭仍然是第一等的大事。所以，在经济上即将陷入窘迫之前，我忙不迭地又去上班了。

第一次创业虽然失败了，但是得出了一些经验教训：①要找到适合自己的营销方式；②创业之前需要保证自己能有几个月的经济储蓄，不然你在生活上无法坚持下去；③如果发现项目不合适，坚决退出，不要做顽固的坚守，那样只会让你血本无归。

坚持，坚持，喊口号的确很容易，每个人都会喊。但是你所处的是一个非常残酷的现实世界，每一次创业都蕴含着极大的风险。所以要学会智慧地对待你的创业，该进则进，该退则退。有时，懂得适时退出，也不失为一种保存实力的聪明之举。

在这里，我要阐述一下我对“坚持”这两个字的含义的理解：坚持是对某一种大理念或大信念的坚持，是对某一条选择好的大道的坚持，而并非对一些小道的坚持。只要在大的方向坚持下去，在这个过程中，你仍然有无数种选择的可能性。该坚持的就坚持，不该坚持的就坚决放弃，不要做无谓的牺牲，保存你的实力，积蓄力量，等待下一次机会的来临。做好下一次判断与选择，然后在你选择的那个大方向上继续前进。这才是真正的大坚持。

所以，我们说的永不放弃，指的是对创业这种大信念的永不放弃。这次失败了，没关系，咱们下次再来。只要生命不息，奋斗就不止。

5. 第二次创业：因为上当受骗，刚刚开始就已结束。

虽然我在公司上班，但心却总是不安分，老想着找个什么好项目来自己做。

偶然在一个招商网站上看到一条广告：怡某香长效加香，从韩国引进纳米加香技术，留香时间可长达1～8个月，远远高出普通香水，主要针对手机、服装、汽车、房间进行纳米长效加香，新兴行业，市场极其广阔，并且代理费也不高，只要1000多元。

我仔细看了怡某香的网站，对这个项目产生了浓厚的兴趣。我打电话到怡某香北京公司总部，咨询深圳有没有这个产品的总代理，回答是已经有了。我得到了深圳总代理的电话，马上就联系了深圳怡某香的代理人，问了一些情况，然后约好时间去她公司跟她详谈合作代理事宜。

在她公司，我看到柜台上陈列了怡某香的许多香水品种，香气扑鼻。她也很热情地向我介绍了各个品种的特性。她对市场前景的分析，让我坚定了做这个产品的信心。但是我并没有当场签定协议，因为我觉得我还需要去了解一下市场。

半个月后，我下定决心全力以赴做这个产品。于是我跑去与深圳怡某香签定了代理协议，交了1000多元的代理费，拿着两台喷香机和几瓶香水回去了。

因为想到深圳几乎还没有人做这个加香业务，市场自然很大，所以我很兴奋。马上制定了开拓市场的营销策略，准备快速执行。我第一步就是想把深圳的酒店拿下。酒店面积大，业务量自然也很大，一个单子做下来少说也有上万元，想得自然是美滋滋的。我在网上搜索了很多酒店的电话号码，然后一个个电话打过去问需不需要这种服务。电话营销我是做惯了的，轻车熟路。通过前台找直接负责人对我来说并不困难。

联系到了一家大酒店的相关负责人，他对这种产品比较有兴趣。于是我跟他约好时间，带上怡某香产品去和他见面。但是见面的时候，他既不让我介绍产品，也不叫我试用产品，只叫我到他的电脑上去看网民对怡某香的反应。在百度上翻看了几页，铺天盖地的骂声，说怡某香完全是骗人的产品，用了之后身体已经有了不良反应。

我都差点晕倒了。

我上当了！

就这样，我的第二次所谓的创业中途夭折。如果是一种好的产品的话，我想我应该很有信心拿下那个单，我对自己的营销能力还是很有自信的。但是天杀的骗子，欺骗了我的感情与热情。我只能仰天长叹。上天待我实在太不够意思了。

这次极其短暂的创业让我又学到了一点经验教训：一定要多渠道地详细考察了解创业项目和产品，不然上了当你哭都哭不出来。

6. 第三次创业：创办收废网站。

加香业务失败后，我迅速寻找下一个创业项目。自从有了创业的意识后，我就成了生活的有心人，处处留意生活当中的小细节，看有没有可以创业的机会。

创办收废网站，起源于一件很小的事。

有一天一个朋友向我诉苦，说是失业好几个月了，开玩笑说如果再找不到工作的话，就只好去收破烂了。朋友的玩笑话给了我启发。我忽然想到，深圳每天要处理掉的废品那么多，但是从事废品回收业务的人却还很少。还有，据我自己的亲身体验，一旦家里有废品，得在社区内转一大圈去寻找收废品的人来处理废品。那么，有没有可能建立这样一个信息平台，市民不出门就能轻易处理掉家里的废品呢？

我一直从事的是IT产品的销售，所以我立刻想到了网络。我觉得可以创办一个网站，市民只需要在网站上填上相关信息，然后收废业务员立刻就可以上门来收废品了。这种方式能够极大地方便市民。

我立刻感到这是一个好创意。于是我上网查询，看深圳有无类似的网站。一查，原来已经有两三个这样的网站。其中最早的一个网站在2004年就建立起来了，但是这几个网站制作得非常粗糙，这说明他们的业务可能还没有真正有规模地做起来。再说，深圳这么大，只有两三个网站是远远不够的，一定还有更广大的市场等着人去开拓。

想到了马上就干，我的网站不久就做好了。网站做得美观大方，给人一种很清新自然的感觉，比其他几个同类网站都好看。接下来我要做的是两件事，寻找合作人和推广网站。

从一开始我就没打算自己亲自上门去收废品，因为我把自己定位为一个信息提供商。我找了一个收废品的老乡，跟她谈好，我给她提供收废信息，她收废卖掉之后给我一些利润的分成。只要信息量足够大，我的工作将既轻松又赚钱。

合作伙伴谈好了，接下来就是网站的推广。虽然我一直在销售IT产品，但是对于网站的推广却很陌生。于是只有从头学起，大量地阅读关于网站推广的文章。我尝试过很多推广方法，但是效果都不佳。后来我想到对于这种地区型的服务性网站，要想让更多的人知道，最快捷的方式莫过于让主流媒体报道出来，那么市民就会在一夜之间知道这个网站。但是主流媒体怎么会来关注你的这个新成立的网站呢？

我想了一个办法，结果果然引得深圳特区报和深圳电视台的记者主动打电话来采访我和了解我的网站。

采访完毕，我就等着第二天报道出来。只要报道一出来，那么我的网站一定会马上火起来。

想法的确是美好的，但是结果却是滑稽的。

两家主流媒体的采访不仅没有在第二天报道出来，甚至在第二年都没有报道出来。

发生了什么事？我直到现在都没弄清楚。

后来经过我的努力，逐渐有人在网站的信息栏里提交收废信息，或者直接拨打我的电话。我收到收废信息后，马上就把这些信息告诉那个老乡，叫她上门去收废。

但是网站的人气一直没有上来，收废信息少得可怜。一个月过去了，我经济上又支撑不住了，只好放弃这个网站，又去新的公司上班了。后来，我把网站转手卖掉了，好歹收回了成本，只是这次创业又以失败而告终。这次失败让我觉得特别窝囊。

7. 选择比努力更重要：2007年牛市，我抓住了机会。

2007年是令中国股民疯狂的一年，亿万新老股民前赴后继扑向股市。股市如此多娇，令无数股民竞折腰。一曲《死了都不卖》传唱中国东西南北中。中国股民似乎从来没有这么疯狂，钱似乎从来没有这么容易赚。

我毅然加入深圳的一家本土大型证券公司做了一名证券经纪人。在这样一个全民疯狂的年代，如果不进入这个市场，多年后自己想一想都会遗憾的。

在2007年，证券经纪人应该是一个非常幸福的群体。不需要特别努力地去开发客户，无数的股民都排着长队在等着你给他开户。每天早上一睁开眼，第一感觉就是，钱在天空飘着，踮脚一伸手就可以拿到。这样的感觉是很美妙的。

我所在的联合证券公司在深圳本土是一家很大的证券公司。但是联合证券公司是不给证券经纪人提供底薪的，签的合同是代理人合同，只拿交易佣金。在2007年，联合证券公司的很多证券经纪人都做得很愉快，他们的薪水是寻常公司白领无法企及的。

既然公司没有提供底薪，我就把自己定位成一个创业者。虽然工作时间完全由自己支配，但是在那样火爆的市场行情下，我还是希望能够抓住一切机会。我是一个很勤奋、很努力的人，懂得珍惜这个来之不易的机会，一个月30天我每天都会工作，每天从早上9点工作到晚上10点。

我的第一个大客户是在银行找到的。那是一个星期六，我上班的第三天，我进了一家银行，对银行的大堂经理说："我是证券公司的证券经纪人，今天想到你们这里找点客户。"大堂经理居然答应了。于是我开始不停地跟在银行办理个人业务的储蓄客户谈股票。一个客户看了我的宣传折页，与我聊了起来。一聊，大吃一惊，他竟然持有800万市值的股票。于是我赶紧要了他的电话号码，过了几天，亲自上门去拜访。

任何一种产品，产品本身的特点我觉得都是次要的，最重要的是在与客户沟通时客户对你本人的信任感，我就是这样来赢得我的客户的。对于这种大客户，我是用我的真诚与热情来打动客户的。我每个礼拜都会去拜访他，与他聊天，拉近我们的距离。我的这种服务一直持续到今天。我敢说，深圳的几万名证券经纪人当中没有一个人能做到像我这样，即使客户已经成为你的客户了，仍然每个星期坚持去亲自拜访他。后来，这个客户与我签约时，对我的顶头上司说："我实在是被小尹的这种精神感动了。"后来，这个客户不断地给我介绍高质量的大客户。每当行情不好的时候，他就主动关心我，问我业务做得怎么样了，然后就说："我给你介绍一个客户。"春节过后，我去给他送礼品，感谢他一年来对我的帮助。他说："我们之间这么熟了，还用得着来这套吗？"

我只用了四个月的时间，业绩一举超越了我们那个营销区域的所有老员工，成为第一名。于是，我的事迹被公司当作培训的教材，每次公司招聘新人的时候，培训讲师总是把我的名字拉出来，给新员工讲述我的营销故事，激励他们学习我的营销方式。

2008年5月，我通过了证券经纪人从业资格考试，拿到了国家认证的证券经纪人从业资格证。

8. 再度自主创业：上阿里巴巴卖多媒体音效键盘。

2008年，中国股市一路狂跌，证券业务已经越来越不好做了。由于客户的股票被深度套牢，我的收入从7月份开始锐减。我可以预见，在未来很长一段时间，我的收入将在低谷徘徊。这时，我必须想办法自救。我创业的心又蠢蠢欲动起来。我觉得，我还是要去创业。

有一次在公司开区域例会，我与一个女同事在会后闲聊，得知她现在正兼职代理一种电子产品，叫作多媒体音效键盘。她说，这个产品刚上市不久，功能很特别，非常时尚，很适合那些追求时尚的青年男女使用。我一听她的介绍就很感兴趣，提出想看看产品，要是果真好的话，我也想去经销。

后来她把产品带来给我看，首先外型就让我很喜欢，然后试了一下效果，感觉很棒，觉得应该很好做。她是从东莞的生产厂家直接拿货，如果我要做的话，就从她这里拿货。

接下来是怎么推广的问题。按照传统的方式，就是去电子批发市场拜访那些柜台的店主，向他们推销。我曾经做过这样的销售工作，但是效果很不好。于是，我想到了网络推广。

我很喜欢阿里巴巴的创业频道，经常去看里面的创业故事，很多创业者通过网络营销获得成功的案例让我深受鼓舞。所以，我决定把产品放到阿里巴巴上去做推广。

我开始研究阿里巴巴。看了几篇关于博客营销的文章，我深受震动。我也偶尔写写博客，偶尔也把产品广告直接挂在博客里，但是没有什么效果。直到此刻我才弄明白什么是博客营销。博客营销，其实就是软文营销，写出好的文章，然后吸引潜在客户来关注你的产品。

阿里博客是中国最大的商人博客，阿里博客的管理员会每天推荐一些原创好文章上博客首页。只要你的文章上了首页黄金屏，那就一定会有很多人来咨询你的产品。

我研究了几天之后，感觉信心十足，于是在8月1日正式开始在阿里巴巴上写博客，宣传我的多媒体音效键盘。

或许由于我是新人，我写的文章并没有被阿里博客的管理员发现，文章在前三天并没有被推荐上首页黄金屏，所以博客的人气很低，询盘的人自然极少极少。直到第四天，我写的第一篇文章才被推荐上了首页黄金屏。陡然间，博客流量暴涨，随之而来的就是大量的询盘，让我应接不暇。我心里那个高兴劲儿，就别提了。虽然当天没有下订单的，但是我已经看到了希望。我想，只要我坚持把博客营销进行下去，不久就会有订单。

正当我甩开膀子准备大干一场的时候，8月4日晚上，那个女同事的一个来电让我顿时心凉如冰。她在电话里跟我说，这个键盘她不打算做下去了，她准备离开深圳，搬到东莞去。

她是我唯一的拿货上家，然而在她离去的时候，并没有把那家多媒体音效键盘生产厂家的联系方式告诉我，这意味着我无法继续卖这个产品了。

就这样，四天的时间，我的这次创业在充满希望中突然中断。就好像一条欢快奔流的小溪，被一把大刀猛然砍断。

人的一生当中，会有无数这样滑稽而又无奈的事情。

9. 从事SEO项目，事业开始起飞。

但是屡经淬炼的我早已经不惧怕任何失败了。由于我的文章更新得很快，质量也不错，博客人气越来越高。这时我强烈地意识到，有这样一个平台在这里，任何产品我都能把它卖出去，并且卖得很好。

接下来几天的时间，我一边继续写博客，一边寻找着下一个创业的项目。突然有一天，我脑子里灵光一闪，一个令人激动的创业项目应运而生。

这个项目的名字叫作SEO，中文名叫作搜索引擎优化。

还是在2007年7月的时候，一次很偶然的机会，我在网络上接触到了SEO。我很快就被这个东西吸引住了，于是开始认真研究起来，越研究越觉得这个东西实在是好，是个帮人赚钱的东西。从2007年10月起，股市开始下跌，证券业务就不大好做了，我尝试过很多种方法去开展业务，但是业绩总是不大好。12月，我开始用我学到的SEO方法做了一个股票网站。不久之后，我设置的与股票业务相关的关键词在百度、谷歌等搜索引擎上获得了非常好的排名，结果这些关键词给我带来了很多客户。2008年上半年，依靠这个经过SEO的股票网站，在大盘一泻千里，几乎所有证券经纪人收入锐减的情况下，我的收入却是水涨船高，超过了2007年整整一年的收入，这让我惊喜不已。只是6月股市再度受到重创，证券业务已经到了悬崖边上，没有几个人来开新户了，我那个股票网站也渐渐没有什么业务了。

但是SEO的的确确给我带来了太多的惊喜。既然SEO能让我赚到实实在在的钱，那么也同样可以让更多人赚到钱。于是8月15日那天，我正式在阿里博客上成立了自己的SEO工作室。我的服务就是给普通的企业网站做优化，使得他们的产品关键词在搜索引擎上获得好的排名，从而获得更多的有效询盘和订单。

为了更好地推广我的SEO服务，我还写了一本SEO教程《SEO一定能帮你赚到钱》。目前市场上的SEO教程理论性和专业性都很强，普通老百姓都看不懂，也就没什么兴趣去看了。而我的这本书就是用普通老百姓的语言写出来的，只要识字的人，都可以看懂。我相信，只有老百姓乐意接受的产品，才是好产品。

书是在博客上连载的，在连载的过程中，受到了网友们的热烈追捧。每天来咨询SEO的人数不胜数，很多人都想学习这门课程，于是我马上又把SEO培训纳入了我的业务范畴。

我每天要工作14个小时以上，写文章、写方案、搞培训、答复客户咨询，忙得不亦乐乎。我每天都沉浸在一种巨大的充实感和成就感之中。很快，我就确立了我在阿里巴巴上SEO第一人的响当当的品牌，一个良好的口碑在阿里巴巴上不胫流传：要学SEO，就找尹高洁。

经过了那么多的失败，那么多的挫折，我在创业道路上终于迎来了一个光明的前景。马云说：“冬天来了，无数的企业进入了冬天。”可是我却提前进入了春天。因为在这个春天来临之前，我已经度过了一个那么漫长的冬天。

10. 祭奠我们逝去的青春与爱情。

在这篇文章里，我主要是跟大家分享我的创业经历，但是我也想与大家探讨一些关于生命的话题。因为人生当中很多东西是我们无法避免的，等到它来临的时候，你会感到震惊。那些事情，会让你更深地去体会人生的内容，让你更好地去思考，我们该怎么样对待我们的生命。

李新雪，这个名字注定会被我永远记住。

李新雪是我那个最好的朋友的大学同学。在我来深圳之前，他们俩就合租一间房子。后来，我的那个好朋友因为结了婚，搬出去住了，从此我就和李新雪合住。这一住，就是三年。2006年5月1日，李新雪因患腹膜癌，不幸去世。

在我最困难的时候，李新雪也帮助过我。我永远记得。

他的突然死亡令我完全不知所措，无数次因某种莫名的恐惧感从梦中惊醒，于是再也睡不着，睁大眼睛，望着天花板，怀疑自己是不是还活着。

我不是不愿意接受死亡，我是无法接受青春的突然死亡。他死的时候，仅仅29岁。

临死前，他流着泪说：“我不甘心啊，不甘心啊！”

每当想起他这句话，我就心痛如绞。

他2001年大学毕业来到深圳，五年的时间，换了无数份工作，一直在为着生活而奔波。他也曾有过一次小小的创业，但很快以失败而告终。他经常与我谈起，不知未来的路该如何走下去，眼睛里是无穷无尽的困惑与迷惘。他也曾心高气傲过，一直想通过自己的努力在深圳创下自己的一番事业。他终于妥协了，想到的办法是，找一个工作稳定的女孩，同甘共苦，一起奋斗。

这在深圳是一个奢望。

我们在一起的三年时间里，我只看见他认真追求过一个女孩。那个女孩是通过一个朋友的介绍在网上认识的，当时她还在长沙工作。通过一段时间的网络和电话联系，他觉得这个女孩各方面条件还不错。他跟我分析说，她是学外贸的，如果她来深圳和他在一起，完全可以找一份薪水不错的稳定的外贸工作，而他就去创业，即使创业失败了，也有个最后的依靠。

这是一个非常朴实的想法。他踏上了去长沙的列车，我相信他是带着所有的真诚与信心去的。我了解他的为人，他虽然事业未成，但是很有上进心，对未来的规划也很现实。最重要的是，他的的确确是个好人。

然而事实却是，他灰头土脸地回来了。在长沙的七天时间里，那个女孩根本就不愿意见他。深层次的原因我至今不明，他也从未跟我探讨分析过。他回来后，整整四个月的时间，精神颓丧，无法振作。我深深了解他的痛苦。我可以想象他在那个女孩家门口彷徨进退时绝望的心情。这是他生命当中最重要的一次情感付出，因为在此之前，他从未谈过恋爱。

瞬间出现，瞬间消失，甚至那根本不叫爱情。爱情是什么呢？如果爱情是两情相悦，那他根本就未曾得到过爱情。爱情，那在无数人身上上演过或如夏花之绚烂或如秋叶之静美的泛滥情节，从未在他身上出现。

我的悲哀不是在这里。如果生命继续，他总有一天会得到属于他的爱情，尽管以后未知的那种爱情不一定会是他想象中的那样美好。但至少，作为一个男人，他会拥有一个女人，然后让那个他爱的或爱他的女人，为他延续后代，延续生命。

可是世间种种可能，就在那些不可知的宿命中被残忍地摧毁。我再也无法想象世界上还有比这更残忍更无情的事情。所以我全部的悲哀就在于，在年轻的时候，在风华正茂的时候，在我们的生命还可以称作是青春的时候，在一切可能都可能成为可能的时候，一切都嘎然而止。

所以你知道，我是如何地悲痛不已了。

两年来，我尽力不去想他，我试图把这个人从我生命中彻底删除。但是他带给我的震撼太大了，所以他总是在我梦中出现。那笑嘻嘻的模样，忠厚老实的样子，孤独凄清的身影。

一转眼，我来深圳也五年了，真的是一眨眼的时光。我大学毕业之后最美好的青春，就在这座城市慢慢消耗掉了。29岁，我不知道29岁是否还可以称作是青春。当然你也可以说，29岁正是一个男人生命当中最风华正茂的时候。但是我的的确确感受到，青春在我的体内，已经开始逝去。

一个曾经深爱过的女孩发短信告诉我说，她的孩子出生了，她很幸福。

我静静地看着，然后把短信删除了。一抬头，大风从上空凛冽地吹过，所有青春时代的爱恨情仇，就这样吹过去了，吹过去了。那些苍翠的记忆在瞬间被吹得流离失所。街边一个小孩在大声哭喊，恍如看见曾经某个孤独的夜晚，自己的失声痛哭。那种锥心的难过，那种揪心的疼痛，让人感觉生命无穷无尽的脆弱和孤独。

我想无论如何我都会坚强地走下去，即便是一个人。曾经在这里，受过那么多的苦，我都挺过来了。看透了很多的生死，看透了很多的荣辱，我依然保持着平静和快乐的心态，做着自由自在的自己，做自己喜欢做的事，做自己觉得应该做的事，直到青春完全逝去，直到生命完成终结。

我始终告诉自己：不抱怨，要快乐，继续去爱。

文章写到这里，又想到他，想起我们一起在房子里做饭，一起看碟看到深夜，一起聊天聊到天色发白，一起在深南大道上一直走走走走走走走那永远也走不完的路。

我淡淡笑着，觉得自己眼眶里充满了泪水。

尾声

在路上

我记得2006年我第一次听到《赢在中国》的主题曲、我喜欢的歌手刘欢演唱的那首忧伤沉郁而又大气磅礴的《在路上》的时候，我的眼泪刷地就掉下来了。我在电脑上一遍一遍地重复播放着那首歌，在歌声里想起我来深圳经历过的那些苦难的日子，想起自己在无穷无尽的孤独中对梦想的渴望与坚守，想起我在家乡年老的父母、一一离开我身边的朋友、早已远去的青春与爱情，不由地痛哭流涕。那一刻，我就像个孩子一样，尽情释放着痛苦、压抑、委屈、寂寞，我就像一匹荒野上受伤的野兽，舔着流血的伤口，仰天长嗥。

好了，可以结束了。现在请在电脑上调出这首我们共同的《在路上》，一起来听：

那一天，我不得已上路，为不安分的心，为自尊的生存，为自我的证明。

路上的心酸，已融进我的眼睛，心灵的困境，已化作我的坚定。

在路上，用我心灵的呼声；在路上，只为伴着我的人。

在路上，是我生命的远行；在路上，只为温暖我的人，温暖我的人。

——本书的各篇文章写作于不同时期，2016年经过整理定稿。